JN437369

이런 저런
우리들의 세상 이야기

이런 저런
우리들의 세상 이야기

김명한 지음

도서출판 띠앗

작가의 말

한 단어 한 구절에도 깊은 철학이 담겨있을 주옥같은 글들이 온 서점에 가득하지만 누구나 쉽게 읽을 수 있는 글을 써 봤으면 하는 생각을 언제부턴가 하게 되었고, 살아온 경험을 바탕으로 본 대로 느낀 대로 옮겨 쓰면 그것이 글이 된다기에 용기를 내어 보았습니다.

가난하지만 소박한 인정으로 살아가는 농촌의 순박한 정서를 생각하며 고향과 어린 시절을 그리는 마음으로 틈틈이 적어본 글이기에 낙서에 가까울 것이라면 적절한 표현이 아닐까 싶지만 누구나 살아온 얘기들이고 경험했을 법한 우리들의 이야기들이기에 공감이 가는 부분도 있을 것이라 여겨집니다.

지난 60여 년간 밖으로는 동서냉전의 붕괴와 안으로는 6.25 전란과 경제개발, 가난 극복, 민주화 투쟁과 국제사회로의 도약 등 엄청난 변화의 소용돌이 속에서 살아온 한 사람으로서 달라진 환경에서 자유와 풍요를 누리면서 살아가는 젊은 세대, 즉 조손(祖孫) 세대 간에 존재하는 견문과 사고의 간극을 좁힐 수 있다면 의미있는 일이 아닐까 하는 주제넘은 생각도 하게 됩니다.

혼란스런 우리 사회를 걱정하는 마음은 모든 것을 부정적인 시각으로만 보는 것은 아니지만 이해심 많고 너그러운 시민들이 중요한 위치에 있지 않더라도 사회정의와 질서를 바로잡고 지키고자 하는 우리 모두의 바람이고 고민이 아닐까 싶어 몇 구절의 소견은 비판의 형식을 취해 보기도 하였습니다. 그리고 수많은 사람들의 가슴에 깊은 상처와 고통을 안겨준 동족상잔의 6.25전쟁과 같은 비극이 또다시 이 땅에서 일어나서는 안 되겠다는 바람과, 어떠한 대가를 치르더라도 평화를 지켜야 된다는 희망과 다짐을 많은 사람들과 함께하고 싶어 기억을 더듬어 보았습니다.

세태에 좀 더 밀착된 사실성에 충실하고 사소한 사연일지라도 많은 이야기들을 전하고 싶은 의욕이 앞섰지만 논리적이지 못하고 앞뒤 문맥이 어긋나는 부분도 더러 있을 것이라 생각되기에 읽는 분들의 깊은 이해를 부탁드리며 모든 분들께 감사한 마음으로 못난 글을 세상에 내놓을까 합니다.

김명한

목차

2부 전쟁은 비극을 낳고

3부 언제나 바로 설까

4부 자연에 살며

5부 나를 돌아본다

6부 여러 생각들

1부

고향 이야기

텃밭

마당 앞 텃밭에는
극성스런 병아리떼 들어갈까
나지막한 싸리나무 울타리 경계 삼아
무 배추 상추 고추 오이 호박
강낭콩도 옥수수도 골고루 심어놓고

뿌린 씨앗 거짓 없이 새싹이 돋고
맑은 공기 아침이슬 벌나비 동무 삼아
따사로운 햇볕 아래 즐거움을 먹으면서
날마다 무럭무럭 크는 재미로

텃밭 주인 어머니는
고이 키워 시집보낼 다 큰 누나 데리시고
심심하면 밭에 나가 상추 뜯고 고추 따고
철 따라 입맛 따라 밥상 위에 올리신다

내가 살던 시골집

부모님 사랑으로 티없이 자라던 곳
높지 않은 뒷산 아래 초가삼간 아늑하게
앞산마루 바라보며 조용하게 서있었지

낮은 돌담 호박꽃엔
왕벌 꿀벌 부지런히 드나들고
앞마당 한구석엔 감나무와 토란밭이
그늘진다 싸우면서 아옹다옹 하더니만

뒤뜰언덕 대추열매 빨갛게 익어지면
엄마는 긴 장대 휘둘러 내 주머니 채우셨지
앵두나무 두 그루도 봄이 와서 꽃피울 때
부엌 뒤켠 대나무숲 어설프게 푸르렀다

어미닭은 다 커버린 병아리 떼 거느리고
두엄더미 긁어대면
마실 갔던 멍멍이도 꼬리치며 들어오고
방앗간 지붕 위에 오순도순 둥근 박이
말없이 내려보며 빙그레 웃었지요

봄이면 참꽃 피어 연분홍 물이 들고
산벚꽃도 눈부시던 산골짝 우리 동네
부엉이 소쩍새들 울음소리 한가롭고
매미들이 극성스레 노래하던 곳

앞집에는 용국이네 옆집에는 봉수네가
그집 앞엔 덕천댁이 칠공주와 살으셨지
개울 건너 십여 가구 옹기종기 사이좋게
밀 보리 감자 수수 콩도 심고 팥도 심어
부자도 없었지만 울타리도 없던 마을
소박한 인정으로 욕심 없이 살았더라

따듯한 어느 봄날 그곳을 떠났지만
소금쟁이 동무하여 가재 잡던 실개천도
논둑길 밭둑길에 뱀딸기 민들레도
감나무 그늘 아래 놀다가 잠이 들면
가을 감이 홍시 되어 멍석 위에 떨어지던
앞마당이 생각난다 그리워진다

시골길

언제나 조용하고 한가로운 시골길
햇볕은 따사롭고 바람은 시원한데
오고가는 사람들 어쩌다 마주치면
서로서로 인사하고 웃으며 지나간다

들꽃들은 저마다 예쁜 얼굴 자랑하며
화려한 꽃 초라한 꽃 모두 나와 서있지만
오가는 사람들을 무심히 바라볼 뿐
어디를 가느냐고 묻지도 않네

길 건너던 꽃뱀은 황급히 꼬리 감추고
거미들은 솜씨 좋게 그물망 치고 앉아
느긋하게 사냥감을 기다리신다

뽕나무 그루턱에 매어 놓은 송아지는
혼자서 심심한지 꼬리만 휘저을 뿐
메뚜기 방아깨비 폴짝거리고
보리수 붉은 열매 새콤하고 달콤한데
마주오던 아이들 비켜가지 않는구나

수수밭 지켜 섰는 허수아비 앞을 지나
혼자서 터덜터덜 산길로 접어들면
산새들 놀랐는지 날렵하게 날아가고
산까치 한 쌍이 먹을거리 뺏어갈까
까악까악 시끄럽게 빨리 빨리 가라 한다

공동묘지 지날 때는 은근히 무서운데
억새풀은 멋도 없이 흔들흔들 겁을 주네
아버지도 밤늦게 오시는 날
혼자 오기 무서웠지 말씀 없어도

싱그럽고 한가롭던 정든 시골길
그늘 좋던 펑퍼짐한 나이 많은 소나무는
산마루 넓은 터에 말없이 서있겠지
낯익은 나무들도 이름 없는 바위들도
재를 넘는 시골길을 지켜보고 있겠구나

장날 풍경

아랫마을 윗마을 개울 건너 작은 동네
재 넘어 이십여 리 먼 길도 마다 않고
가을걷이 끝났으니 장날이라 모여들면
북적이는 사람냄새 살맛났네 시골장터

늙으신 고모님도 누님은 매형 따라
오랜만에 만났으니 반갑기 그지없다
모처럼 만난 사돈 큰절로 인사부터
서로서로 묻는 안부 정겨웁고 예스럽다

무거운 쌀가마니 콩 마늘 고추 참깨
송이버섯 산나물도 돈이 되니 이고지고
소 몰고 나온 사람 집안에 큰일 있나
웅크린 강아지들 복스러워 쓰다듬고
처음 나온 촌닭들은 꼬꼬댁만 지껄인다

아들딸 시집장가 혼수장만 바빠지고
할머니 편찮으셔 의원에도 들러야지
읍내로 유학나간 둘째와 막내아들

하숙비며 공납금도 큰돈인데
집집마다 돈 쓸 일이 왜 그렇게 많다더냐

할아버지 제삿날도 내일모레 아니던가
곶감 대추 굵은 밤은 언제나 집에 있고
배 사과 해산물은 오늘 장날 사다 놓자

힘들게 가져온 것 그럭저럭 팔고 나면
이곳저곳 기웃거려 눈요기도 해가면서
맘에 드는 물건들을 내 것으로 만든 후에

쇠고기 국밥 맛은 천하에 일품이고
삼삼오오 끼리끼리 막걸리가 빠질쏘냐
찐빵이며 군고구마 엿도 있고 땅콩까지
아이들 목 빠지게 군것질 기다릴라

농사철에 부려먹던 호미 낫 곡괭이들
내려올 때 맡겼으니 뜨건 불에 혼은 좀 나겠지만
대장장이 좋은 솜씨 새것으로 되었겠지

가는 길에 찾아가면 명년 농사 걱정 없다

포목전 신발가게 잡화상 어물전도
온갖 물건 보기 좋게 질서 있게 늘어놓고
내 것이 최고라고 큰 소리로 외쳐댄다
장돌뱅이 말솜씨에 안 넘어갈 사람 있나

바이올린 연주하고 뒷북치고 노래하는
약장수도 구경거리
야바위꾼 조심하고 소매치기 있다는데
소 판 돈은 큰돈이라 허리춤에 꽁꽁 묶고
적은 돈은 치마 밑 바지 속 주머니에
안 시켜도 잘들 한다

바쁜 사람 먼저 가고 해그늘 길어지면
오늘 장도 파장이네
마신 술이 과했는지 이리 비틀 저리 비틀
지게 위에 매달린 고등어는 춤을 추고

장사꾼들 짐을 싸서 화물차에 밧줄 매고
북적이던 사람들도 이리저리 흩어진다

고향 무정

고향 떠나 50년 세월은 너무 흘러
삼촌 조카 이모 고모 아무도 없고
그 옛날 친구들도 모두 떠나 버렸네
반갑다고 손잡아줄 아는 사람 하나 없는
낯선 곳이 되어 버린 어린 시절 고향 마을

내 부모 조상님들 묻힌 곳이라
연중행사 벌초 때나 가는 고향 길
내가 살던 초가삼간 흔적조차 없어지고
빈터에는 잡초만 제멋대로 무성하네

뛰어놀던 잔디밭 뒷산 언덕 벌판에도
보리밭 수수밭도 사과밭이 되었구나
그네 뛰던 느티나무 키다리 포플러도
시원하고 물맛 좋던 동네 우물 어디 갔나
삼거리 주막집은 은퇴한 지 오래란다

조용하던 옛날 길은 시멘트로 포장되어
자동차도 심심찮게 오고가고 드나드니

교통도 불편 없이 산골 동네 옛말이고

사과밭에 뿌려진 독한 농약에
꽃나비 잠자리며 메뚜기도 풀쐐기도
개구리 물고기도 만나기가 힘들다네

너도나도 변했구나
너무나도 변했구나
10년이면 강산도 변한다 하였거늘
다섯 번을 변했으니
당연한 걸 왜 그러나
속절없는 세월에 내 청춘이 무심했나
정 붙일 곳 하나 없는 멀기만한 내 고향아
그래도 언제나 향수에 젖어본다

외딴집

우리 마을 앞산 밑에 외롭고 쓸쓸하게
나지막한 돌담 속에 홀로 있는 외딴집은
동네가 시끄러워 이사를 갔나
고독이 취미라서 떨어져 사나

논밭뙈기 멀지 않게 터를 잡고 집을 지어
동네와 좀 떨어진 외딴집이 되었다네

농사일에 품앗이로 애경사에 한맘으로
우리 동네 사람들과 어울려 산다

그 집 아이 우리 집에 놀러왔길래
그리 살면 밤에는 무섭지 않느냐고
쓸데없는 걱정일랑 하지 말란다
할아버지 늙으셔도 무척 힘이 쎄다나
우리 동네 들어와서 같이 살자 했더니
우리 집은 무거워서 못 옮긴단다

주막집

참새들이 방앗간을 못 본 척 지날쏘냐
오늘도 장날이라 갈증 나는 사내들이
삼거리 좋은 길목 주막집을 비켜 가리
이방 저방 마당까지 오랜 시간 북적인다

다정한 친구끼리 정담을 나누면서
주고받는 술잔 속에 우정은 익어가고
한쪽 구석 들마루엔 화투판도 벌어지니
진 사람은 술값 내고 이긴 사람 기분 나네

서너 순배 잔이 돌면 얼큰하게 취해버려
싫은 소리 좋은 소리 내가 옳다 너나 잘해
말다툼은 예사이고 싸움질도 다반사네

이리 비틀 저리 비틀 어른 품격 떨어지고
갈지자 주정뱅이 주고받는 고함소리
담벼락 구석진 곳 아무데나 실례하니
아이들 보기에도 민망하고 꼴사나워
내가 본 주막집은 착한 집이 아니었네

우물

우리 동네 한가운데 하나밖에 없던 우물
시원하고 물맛 좋다 소문난 우물

좋은 소식 나쁜 소식 아낙네들 수다 떨며
두레박에 정을 담고 웃음꽃도 채우면서
맛있는 이야기도 만들어 내던 곳

물동이 이고 가던 구장님 딸내미가
수줍은 예쁜 얼굴 붉어지던 우물가에
향나무 여러 그루 줄지어 서있었네

보름달이 휘영청 우물 안에 들어있고
내 얼굴도 가물가물 비치던 우물

수돗물이 부엌까지 물두멍을 대신하니
우물가에 주고받던 정겨움은 어디 갔나

디딜방아

쿵덕쿵덕 방아소리 엄마 다리 힘들고
옆집에 순이엄마 같이하면 품앗이로
바쁜 손 모자라면 혼자서는 더 힘들지
어떤 때는 형들보고 방아다리 밟으란다

찧는 것은 소나무 방아공이
빻는 것은 단단한 대추나무 공이란다

벼 보리 서속 찧어 밥 지어 먹고
호밀 콩 빻는 날은 국수 삶아 먹는 날
고추 빻아 고추장 쌀 빻아 떡 해먹고
보리 찧는 방아질이 제일 힘들지

디딜방아 없는 집도 더러 있지만
멀지 않은 바깥동네 정미소 생겨나고
힘든 일 덜어주니 얼마나 고마운가

은어

시냇물 맑은 물에
팔짝팔짝 뛰는 은어
우리 여기 재미있게 놀고 있다 자랑하지만
저승사자 오는 것도 모르는가봐

진짜인지 가짜인지 벌레로 잘못 알고
냉큼냉큼 물었다간 큰코다친다
아차 싶어 도망칠 때
짜릿하게 오는 신호 느낌도 좋아

멋없이 말아 올린 바짓가랑이
함석 물통 볼품없이 옆구리 차고
점심 먹고 한나절 잡은 것이
두어 사발 넉넉하다

내장을 훑어내고
꼬치 꿰어 소금 살짝 뿌린 다음
숯불 피워 석쇠 위에 노릇노릇 지글지글
온 동네가 고소하게 입맛 다신다

타지 않게 적당히 구운 다음
처마 밑에 보기 좋게 걸어두고
빳빳하게 말랐을 때 다시 한 번 살짝 데워
밥상 위에 올려지면
양념장 살짝 찍어 입안으로 들어가니
이 맛이 별미로다 진수성찬 안 부럽다

흐린 물에 살지 않고 깨끗하게 살아가는
날씬하고 산뜻한 하얀 물고기
먹는 맛도 일품이고
잡는 맛도 그만인데
너네 생각 많이 난다
그때가 생각난다

꼬부랑 할머니

우리 옆집 할머니는 꼬부랑 할머니
지팡이에 힘을 실어 마실 가시나

호호백발 주름진 얼굴이면
살아오신 연륜을 헤아릴 수 있을 텐데
할머니 아니랄까 구태여 허리까지

시조부모 층층시하 맏며느리 시집살이
칠남매 올망졸망 정신없이 키우시며
가사일 농사일에 지친 몸 쉴새없이
궂은 일 힘든 일도 내 아니면 누가 하리
팔십 평생 억척으로 힘들게 사셨으니
쇠 허린들 온전할까 돌 허린들 무사할까

아들딸에 손주들 증손주까지
수십 명 대가족이 한자리에 모이면
복 받으신 우리 할매 만수무강 하시란다

세월은 쉬지 않고 흘러 또 흘러
할머니 기력은 예전 같지 않으신데

환갑 넘은 맏아들 철없다 하시면서
돌다리 건너갈 때 넘어질라 조심해라
막걸리 적게 먹고 일찍일찍 다니거라

큰집보다 잘사는 작은아들 굶을까봐
치마폭에 쌀 한 쪽박 몰래 퍼다주질 않나
사십 줄에 접어든 맏손주 손을 잡고
뉘집 아들 잘생겼다 귀여워하시더니

쇠약하신 옥체라도 오래 보존하셨지만
여든 고개 못 넘기고 세상 뜨셨네

꼬꼬댁 가족

닭장 안은 어둡고 침침한데
새벽은 어찌 알고 목청 높이나
좁은 문 열어주길 기다렸는지
차례차례 질서 지켜
폴짝폴짝 내려온다

저네 식구 다해 봐야
병아리 아직 없어 여섯 식구뿐인 것을
한 사발 뿌려주는 겉보리도
맛있다고 콕콕콕콕 잘도 삼킨다
씹지 않고 재빠르게 배 채우기 경쟁하나

벼슬도 빼얼겋게 인물 좋은 수탉놈은
수시로 암탉에게 추태를 부려보고
그래서 알을 낳아 병아리 만들려나

이른 봄 알을 품어 귀여운 병아리떼
삐약삐약 엄마 따라 세상구경 나왔구나
추워도 엄마 품에 무서워도 엄마 품에

어미닭은 순해 빠진 멍멍이도 쪼아대고
병아리 낳았다고 넓은 독방 차지했네

장닭 놈은 의젓하게 가장노릇 한답시고
넓은 날개 펄럭이며 점잖게 활개치고
이웃집 수탉들이 담 넘을까 걱정하며
자기 가정 지키려고 애쓰는 것 같다니까

참새

울타리에 모여 앉은 한 무리 참새 떼들
조용한 아침 깨우고
일찍부터 하루 종일 부지런 떤다

멍멍이 먹는 아침 흘리기를 기다리고
송아지 여물통에 떼를 지어 올라가서
남의 밥통 사정없이 짓밟고 더럽히네

방앗간 일 마치면 우루루 몰려와서
먹는 데만 신경 쓰나
배설물도 쏟아낸다
어머니가 던지신 몽당 빗자루 허공에 날고
낙하도 하기 전에 약 올리고 도망치네

가을이면 논밭에 내려앉아
극성스레 열심히도 풍년을 쪼아댄다
인심좋은 허수아비 경계근무 하나마나
꽹과리 호각소리 양철통을 두들겨도
듣는 둥 마는 둥 귀머거리 아닐 텐데

화난 아이 쫓아가서 훠이훠이
그제서야 못 이긴 척 푸르르 날아가네

겨울이면 초가지붕 처마 밑 끝자락에
보금자리 폭신하게 살기 좋게 꾸며놓고
봄이 오면 알도 낳고 새끼도 키우면서
그때가 좋았어라 행복했는데
봄 여름 가을까지 걱정 없이 살았지만

눈 덮인 겨울 땅이 꽁꽁 얼어
먹을 것이 보이겠나
하루 종일 벌벌 떨며 웅크리고 앉았다가
개숫물 뿌려지면 번개같이 날아든다

철새 되어 날아가지 텃새로 남아있나
동남아로 날아가면 먹을 것도 많을 거고
전셋값도 엄청나게 헐타는데
이 땅이 정이 들어 이사하기 싫어선가
힘없으니 멀리 날기 싫어선가

굶어 죽고 얼어 죽은 참새는 없다지만
어서 빨리 봄이 오고 언 땅도 녹아지면
주린 배도 채우면서 이쁜 알도 낳을 테지

멍석 깔고

아비지가 공들여 만드신 멍석
우리 식구 식사자리 이야기 자리
햇보리 수수 고추 온갖 곡식 말리던 곳
여름이면 더운 저녁 땀도 식히며
별자리 세어보다 잠이 드는 곳

멍석에 소반 놓고 늦은 저녁 국수 말아 먹은 후에
모깃불 다시 한 번 추스르고

끝도 없이 흐르는 은하수 세계
멀리멀리 총총한 저 별들 중에
어느 별이 천국이고 어느 별이 지옥일까
저 별은 내 것이고 저쪽 별은 네 것이다
누나도 하나 주고 동생도 하나 주자

북두칠성 내려보며 철없다고 놀려대고
둥근 달도 우습다며 빙그레 웃으면서
이슬 내려 해롭다고 방에 가서 자라 한다

제비

봄 편지 받았더냐 강남제비 돌아왔네
그 멀리서 어찌 알고 봄을 찾아왔더냐
작년에 낳은 자식 며느리까지
살던 집 바로 옆에 나란히 집을 짓고
이웃 살자 의논은 했겠지만

부부제비 들락날락 부지런한 하루 이틀
엄마아빠 가르쳤나 솜씨도 좋게
튼튼하게 집을 짓고 세간은 없지마는
새살림 차렸다나

작년 가을 갈 길이 바빴는지
인사 없이 떠나갔던 그놈들이
멀지 않은 강남에 살면서도
전화 한통 없었는데

작년에 살던 집이 그리워졌나
자식까지 거느리고 우리 집에 다시 와서
서전에 협조 없고 집들이 초대 없어

조금은 섭섭했네

모든 걸 이해한다 먼 길에 지쳤겠지
정리되고 안정되면 밥 한 끼 함께하자
혹시라도 박씨 물고 올 생각일랑
안 했으면 좋겠구나

설계도면 안 보이나 편리한지 불편한지
별걱정 다 한다고 집사람 놀려댄다

아무쪼록 우리 집에 다시 와서
터를 잡고 살게 되니
아들 딸 많이 낳고 손주까지도
건강하게 잘 살아라
행복도 함께하고

대장간

시장골목 외진 곳 흙돌집 대장간에
아침 일찍 하얀 연기 불을 지피면
땀 흘린 풀무질에
시우쇠는 벌겋게 무르익고

추수 끝난 농부들 한두 해 쓰던 연장
새것으로 만들어 명년 농사 준비한다

대장장이 둘 셋이 손놀림이 바빠지고
툭탁툭탁 붉은 쇠 거무스레 식기 전에
느리게도 빠르게도 적당하게 속도조절
박자 장단 척척 맞고
소문난 대장장이 그 솜씨에
쉴새없이 농구들이 볼품 있게 태어난다

주인 말씀 잘 들어라 부지런도 하여라
대장장이 마음 담고 모양새도 반듯하게
외양간 바깥벽에 얌전하게 내걸린다

얼음 타기

용달산 산골짝에
많지 않게 내려오던 물줄기가
강추위를 못 이기고 꼬불꼬불 빙판이네

솔가지 꺾어다가 엉덩이 밑에 깔고
경사진 얼음길 따라
거침없이 신나게 빠르게도 내려온다

바로 밑에 못도 얼어 썰매장이 넓어졌네
썰매판에 앉은 아이 스케이트 타는 아이
추운 것도 잊은 채 연습하고 경주하고
저쪽 구석 버드나무 한 바퀴 돌아오면
힘들고 맥 빠져도 먼저 오면 신이 난다

모닥불에 둘러앉아 언 손을 녹이면서
축축한 바지 양말 하얀 김 뿜어내면
한나절 짧은 해가 집으로 가라 한다

감

떫은 것은 땡감이고 달다고 단감인데
상투감에 똬리감에
납작하면 반시라나

찰지면 찰감이고
물러지면 홍시 연시
알몸으로 말린 것은 곶감이잖아

충청도 감 경상도 전라도 감
고향 따라 개성 있고
이름 따라 맛 다르다

오곡백과 무르익는 가을이 찾아오면
빛깔 좋은 주황색 옷 슬그머니 갈아입고
곶감 될까 홍시 될까 처분만 기다린다

단풍 되기 기다리는 푸른 잎에 둘러싸여
주렁주렁 달린 감은
다정한 친구 같고 가을 맛을 더해준다

작은 늪

크지 않은 통학 길 늪에서는
봄이 왔단 소식은 어떻게 들었는지
오글오글 떼를 지어 올챙이 반 물 반이네
새카만 무리들이 버들개지 쳐다보며
잠자는 부들숲도 깨우라고 졸라댄다

여름날 밀짚모자 할아버지
하루 종일 세월을 낚으면서
황새놈들 과식하여 체하면 어쩌려고
쓸데없는 걱정일랑 안 하셔도 되는 건데

가을 익은 어느 날
동네 어른 모여들어 싸리발로 고기몰이
가물치 메기 붕어 물고기도 풍년이네

그날 저녁 온 동네가 매운탕 잔치하고
풍년 농사 안주 삼아 웃음꽃을 피우면서
막걸리 거나하게 하루가 지나간다

정월 대보름

오곡으로 찰밥을 지어 먹은 늦은 아침
호두 땅콩 구운 밤 부럼을 까먹으며
금년에도 잔병 없이 불운일랑 쫓아내고
건강하게 자라거라
아버지 말씀이네

구장님 댁 앞마당에 동네 어른 모여들어
아침부터 윷놀이에 웃음꽃이 담을 넘고
동네 여인 모두 모여 음식준비 바빠졌네
편을 갈라 모야 개야 윷놀이 끝이 나면
정성들여 만든 음식 즐거이 먹고
막걸리야 너도 왔네
북치고 장구 치고 마을잔치 벌어지니
이웃 간에 따스한 정 깊어만 간다

저녁에도 찰밥이라 천천히 씹어 먹고
높지 않은 뒷산으로 달마중 올라가서
대보름 둥근 달을 정중하게 맞이하네

금년 농사 대풍으로 양식 걱정 없게 하고
무병장수 물론이고 시집 장가 보내주소
가지각색 소원들을 두손 모아 빌고 또 빌고
따라온 멍멍이도 소원을 비는 건가
달 오르니 짖어대며 긴 꼬리 흔들흔들

달맞이 끝났으니 저녁놀이 남아있네
산불 낼까 어른들 걱정 속에
신나게 쥐불놀이
구멍 뚫린 깡통불을 돌리고 또 돌리고
오래하면 다친다고 그만하란다

보름달이 대낮같이 머리 위를 비춰줄 때
밤이 너무 늦었구나
어머님이 부르신다 집으로 가자

가을 운동회

가을하늘 높고 바람 맑은 날
날씨 좋다 우리 학교 가을 운동회
일 년에 한 번 있는 우리 면에 큰 행사
정문에는 경축아치 색깔 곱게 세워지고
운동장 하늘에는 만국기가 펄럭인다
할머니 할아버지 손주들 재롱 보러
아버지 어머니는 먹을거리 잔뜩 들고
만사일 제쳐두고 오늘 하루 놀다 가자

이곳저곳 학부형들 삼삼오오 모여들고
상인들은 미리 알고 일찌감치 자리잡네
군고구마 땅콩 과자 온갖 과일 펼쳐놓고
빵도 있고 떡도 있네 엿장수가 빠질쏘냐
막걸리집 국밥집들 간이식당 차렸으니
하루 종일 시끌벅적 바쁘게 돌아간다

스피커가 없었으니 종소리 신호 따라
청색팬티 러닝셔츠 운동모 눌러쓰고
전교생 연습대로 질서 있게 정렬하면

면장님 지서장님 우체국장 조합장도
천막 속 의자 위에 점잖은 척 앉아있다
교장선생 인사말씀 간단하게 끝내시니
선생님들 바빠지고 심판진들 긴장한다

청군 이겨라, 백군 이겨라
뜻도 모를 빅토리 빅토리 VICTORY
삼삼칠 박자 따라 목청껏 외쳐대고
늙은 나무 젊은 나무 줄지어 늘어서서
터줏대감 노릇하며 해마다 공짜구경

백 미터 달리기와 릴레이 경주 때는
운동장이 떠나갈 듯 환호성이 대단한데
장애물 경기에는 넘어지고 엎어지고
그래도 재미있다
순서대로 그럭저럭 오전경기 끝이 나고
장대 위에 종이박통 팥주머니 던져 깨면
기다리던 점심시간 엄마 찾아 흩어진다

옹기종기 모여 앉아 나눠주고 먹여주고
많이 먹고 힘 내거라 어머니는 격려하고
맛있는 것 사먹어라 아버지도 인심 쓴다
오전에는 공쳤지만 오후에는 상 탈게요
엄마 마음 달래놓고 친구들과 어울린다

땡땡땡땡 신호 따라 오후경기 시작되니
텀블링 묘기 좋고 기마전도 볼만해라
줄다리기 힘들어서 젖 먹던 힘 다 빠졌네

지방유지 선생님들 편을 갈라 뛰는 계주
어머니들 물동이 이고 뛰기
아버지들 모래마대 메고 뛰기
청군백군 점수에는 상관없다 했다잖아

마라톤 단축경기 마지막을 장식하고
선생님들 학부모님 학생 모두가
즐거운 하루였네 사고도 없이

상(賞)자 찍힌 공책이며 고무 달린 연필 들고
신이 났다 깡충깡충
엄마아빠 앞질러서 집으로 돌아간다

길쌈

명밭에는 어머님이
다래끼 옆에 끼고 목화송이 추수하신다
한 보따리 이고 오면 할 일은 열 보따리

뽀얗게 먼지 앉은 굶주렸던 쐐기 입은
주는 대로 삼키면서 씨앗은 토해내고
보드라운 목화들만 소복소복 모아진다

잠자는 활을 꺼내 줄을 튕기면
탁탁탁탁 밉지 않은 둔탁한 소리 내고
활 놀음에 시달린 목화송이들
보송보송 보드랍게 솜털로 변했구나

한 움큼씩 떼어다가 실꼬치 만든 후에
종일토록 쉬지 않고 밤늦은 시간까지
물레 돌려 실꾸러미 예쁘게 감은 다음
한올 한올 기다랗게 날줄이 이어지면
도투마리 조심해서 수십 바퀴 돌려 감아
둘이서 마주 들어 베틀 위로 올려진다

어머니 베틀소리 쉴새없이 찰깍찰깍
발놀림 손놀림도 일정하게
씨줄 날줄 빈틈없이
무명 베는 곱게도 태어나네

아버지는 바지저고리
어머니는 치마적삼
누이동생 저고리는 물들여서 색동으로
내 옷은 오는 설에 조끼까지 만든데요

잡다한 집안 살림 편히 앉을 시간 없이
중노동 길쌈 일을 불평도 않으시고
그런 세상 살고 갔소 우리네 어머니들

박

봄부터 여름까지 쉬는 날 없이
서로 먼저 올라가려 부지런을 떨었구나
지붕 위로 기어올라 숨 한번 크게 쉬고
마당 한번 훑어본 후 열심히 살아간다

여름 저녁 하얀 꽃 살며시 피었다가
아침이면 시들하여 풀이 죽었네
밤이면 바람핀다 엄마한테 야단 맞았나

예쁜 꽃 수줍어서 밤에만 선보이나
별님달님 친하려고 밤에만 나오는가
햇살이 따가우면 가리면 될 걸
예쁜 모자 양산마저 준비된 것 없을 테고
넓은 잎은 두었다가 무엇에 쓰노

가을 되니 둥근 박이 지붕 위에 탐스럽게
듬성듬성 보기 좋게 그림같이 앉아있고
오가는 사람마다 내려보며 인사한다

흥부네 박 타는 건 모양새가 좋지 않고
조심스레 반듯하게 두 쪽으로 갈라놓고
정성들여 곱게곱게 손질하여
가마솥 찜질방을 숨 막히게 다녀오면
예쁘고 단단하게 바가지로 태어나네

사람들은 어쩌다가 바가지 썼다지만
내가 몰라 쓴 것인데 바가지 탓하지 마라
바가지 그릇으로 유용하게 쓰면서도
여인들은 무슨 일로 불만이 그리 많아
거칠게도 긁어대나
가려운 곳 보드랍게 살갑게 긁어주면
사랑도 깊어지고 알콩달콩 살겠거늘

바가지 없어지면 부부싸움 줄어드나
명년에는 자그마한 조롱박만 심어볼까
플라스틱 바가지는 어떻게 하고
올겨울 지켜보고 생각해 보자

보리

늦가을 뿌린 씨앗 연약한 새싹들이
눈보라 엄동에도 모질게 살았구나

눈 녹은 봄이 오면 푸르른 보리밭이
거름을 받아먹고 더욱더 검푸르네

굳은 땅 북돋우며 잡초도 뽑아주면
어느새 통통하게 튼실한 알이 배고
유월의 보리밭은 황금빛이 일렁인다

껄끄러운 흰 먼지를 마당 가득 날리면서
하루 종일 도리깨로 신나게 얻어맞고
튀어나온 낱알들이 가마니를 꽉꽉 채워
낯선 곳 정미소를 마지막에 다녀오면
보릿고개 넘은 것은 잊어버렸다

우리 민족 먹여 살린 껄끄러운 꽁보리밥
풋고추에 된장 찍어 밥 한 그릇 뚝딱이고
고추장에 쓱쓱 비벼 매운맛 호호 불고

반찬 없어 물 말아도 구수하게 넘어간다

모처럼 보리밭길 옛길 따라 거닐자니
푸르른 보리 내음 예전과 다름없고
푸른 물결 일렁이며 반갑게 맞아주네

담배 농사

춘삼월 이른 봄날 꽃샘추위 가기 전에
양지쪽 땅을 파고 둑을 쌓아 바람 막고
아늑하고 따듯하게 온실을 꾸민 다음

씨앗 뿌려 물도 주고 정성도 함께 주고
낮에는 햇볕 쬐어 봄을 알리고
밤에는 거적 덮어 한기를 막아주면
한잎 두잎 연약한 새싹들이
세상구경 하고 싶어 일찍 나왔네

찬바람 물러가면 이산가족 되는구나
일정하게 간격이며 거리 맞춰
심으면서 다독이고 잘 자라라 물도 주고
허허롭던 넓은 밭이 푸르게 채워진다

잡초는 무성하여 이쪽을 뽑아내면
저쪽 밭이 또 부르니 손길은 바빠지고
진딧물 담배벌레 잡아 달라 보채면서
거름 빨리 안 준다고 목을 빼고 기다린다

곁가지 중간 순도 때맞추어 잘라주고
꽃대도 꺾어줘야 담뱃잎이 두껍다나
오뉴월 뙤약볕에 쉬운 일이 어디 있나

담뱃잎이 익었다고 누런 떡잎 생겨나면
한잎 두잎 바쁘게 따 모아서
새끼줄 좁은 틈에 촘촘하게 엮은 다음
높게 지은 건조실에 질서 있게 매달리고
아궁이에 불을 지펴 온도 맞춰 땀을 빼면
바싹바싹 마른 잎이 노랗게 색도 좋다

습기 찬 구들방에 또다시 감금되어
부드럽고 눅눅하게 힘없이 늘어지면
색깔 따라 등급 매겨 한 움큼씩 꽁꽁 묶어
곱게 만든 거적으로 보기 좋게 포장되고
감정관들 앞에 나가 운명을 기다린다
온 식구 땀 흘려 매달렸던 일년 농사 아니던가
초조와 기대 속에 담배 감정 끝이 나면

농약 값에 비료대금 도지 값 주고 나면
많은 식구 명년까지 가난하게 먹고살자
흘린 땀 뒤로하고 다음해를 기다린다

머슴살이

부잣집 한해 농사 책임지는 머슴살이
새벽잠 설쳐가며 궂은일 험한 일도
성심성의 다하면서 부지런히 찾아하니
그집 식구 하나같이 인정주고 신뢰하고
노사관계 원만하니 파업도 없었더라

바쁠 때는 부인마저 부엌일 도우면서
잡다한 집안일을 내일같이 챙겨주니
칭찬이 자자하고 온 동네 소문났네
몇 년 안에 논밭 사고 독립하리라

열심히 살다보면 좋은 일도 있으련만
노름판에 끼어들고 주정도 부렸으니
헛되게 탕진하여 땡전 한 푼 남아돌까

한푼 두푼 아껴 쓰고 소중하게 모았다가
머슴살이 청산하면 그 보람이 어딜 가나
정신없는 머슴 있어 비교가 되는구나

춘궁기 보릿고개

식구들 많다는 걸 아는지 모르는지
작년가을 걷어 들여 아껴 먹은 양식인데
가는 봄을 못 넘기고 바닥을 드러내니

장리쌀 먹은 것도 갚을 일이 생각나고
나라살림 어려우니 바라지도 않지마는
춘궁기 절량농가 대책이 설 리 없다

아이들은 얼굴에 버짐 피고
젖먹이는 엉덩이 앙상한데
햇보리 나오려면 많은 날이 남았구나

냉이 캐고 쑥도 뜯고 산나물 뜯어
좁쌀 조금 섞어 넣어 머얼건 죽을 쑤고
밥알이 듬성듬성 나물밥도 지어 주린 배 채우지만
어른이나 아이들 허기지긴 마찬가지

작년 가을 주워 모은 도토리도
동이 난 지 오래되고

칡뿌리는 그래도 끼니를 때워준다

죄 없는 소나무 겉껍데기 벗겨내고
속껍질 가져오니 보탬이야 된다마는
하루 이틀 물에 담가 송진을 쫓아내고

디딜방아 절구통에 곤죽이 될 때까지 짓이겨서
보릿가루 조금 넣어 송기죽 끓여먹고
송기떡도 빚어 먹어 허기를 면해 본다

화장실에 오랜 시간 앉았지만
똘똘 뭉친 이놈들이 나올 생각 하질 않고
찢어지게 가난했다
이때부터 생긴 말이 아니던가

대대로 물려받은 가난을 숙명으로
초근목피 보릿고개 체념하고 살았지만

그 가난 못 이겨도 부끄럽지 않았으니
어느 누가 호의호식 배 안 곯고 살았던가

나라님도 구하지 못한다는 가난일지라도
어버이에 효도하고 자식 낳아 기르면서
그래도 행복했고 정 나누고 살았더라

황소

너는 어찌 그렇게도 힘이 세고 고지식하냐
잔꾀라도 부리면서 눈치껏 살지 않고
등짐지고 수레 끌고 논밭갈이 힘들어도
묵묵히 참아가며 시키면 시킨 대로
새경은 받았느냐 밀린 임금 없다더냐

뒷집 황소 마주치면 죽기 살기 싸움 걸고
암소 보면 기를 쓰고 쫓아가면 무얼 하노
그래서 황소같이 부려먹고
쓸데없는 힘 빼라 하질 않나

살아서 한평생 농사일에 골병들고
죽어서 고기맛은 뼈다귀도 남지 않네
가죽은 옷이며 구두 가방 용도가 다양하고
버릴 것 하나 없는 아까운 짐승

너네 주인 자랑하던 재산 1호 너그 어미
막내아들 대학갈 때 팔려가며 울었단다

엿장수

엿판을 두어 개 바지게에 얹어 지고
산도 넘고 내도 건너 이 동네 저 마을로
오늘은 서쪽으로 내일은 동쪽으로
눈비 내려 궂치지만 언제나 변함없네

찌그러진 양은냄비
찢어진 고무신 운동화도
밑 빠진 무쇠솥 찌그러진 요강이나
놋쇠그릇 몽당수저 부러진 금은비녀
떨어진 무명옷도 있는 대로 가져오소

철꺽철꺽 귀에 익은 엿장수 가위 소리
조용하던 골목길이 잠시나마 시끄럽네
아이들이 뒤따르고 고물들도 모여든다

하릴없는 할아버지 담뱃대 입에 물고
우리 할멈 늙었으니 엿하고 바꿔먹자
지나가는 한마디 농담으로
엿 한가락 공짜로 드렸더라

산골 그늘 늘어지고 엿판은 비어 있고
고물들은 바지게에 그득하니
몇 십 리 먼 길을 힘들게 걸었어도
피곤함은 어디 갔나 고물들이 삼켰겠지
내 지게 내 어깨에 하루 보람 짊어지고
어깨는 무거워도 발걸음은 가벼워라

엿장수 아저씨는 시골 장터 한복판에
큰 가게 열어놓고 옛말 하고 산다네요

산나물

바람 맑은 산골짜기 높은 산속 응달에도
눈이 녹고 봄이 온 지 오래구나
할미꽃 고개 숙여 수줍은 듯 웃어주고
조팝나무 하얀 꽃이 눈부시게 화사하다

언덕 넘어 고개 넘고 또 넘어서
더 높은 골짜기로 오르고 또 오르면
고사리 취나물 다래순도 있었구나
두릅나무 만나면은 더욱 반갑고
더덕이며 산도라지 운 좋으면 만나겠지

한나절 뜯은 나물 무거워지고
봄 햇살이 점심 먹을 나무 그늘 지어주면
취나물 쌈을 싸서 허기진 배 채우는데
꿀맛 같은 냄새 맡고 산비둘기 내려본다

못다 채운 보따리에 한가득 뜯어 넣고
좁은 산길 넘어질까 조심조심 살피면서
짊어지고 머리 이고 피곤도 잊은 채로

집에서 못다 한 말 조잘대며 내려온다

취나물 두릅나물 오늘내일 데쳐 먹고
삶아서 말린 것은 겨울에나 먹어야지
이런저런 잡담으로 시간은 흘러가고

저 멀리 신작로에 반가운 목소리들
애기아빠 옆집 삼촌 뒷집에 영이신랑
지게 지고 마중 나와 보따리 받아지면
옥이엄마 싱글벙글 뒤따라 오고
월촌댁은 신랑보고 산더덕 자랑하네

어서 빨리 집에 가자 아픈 다리 쉬어야지
종종걸음 바빠지고 서산에는 해 걸렸네

화목(火木)

부엌에는 국솥 밥솥 나란히 걸려 있고
작은방 건넌방도 군불 떼는 아궁이가
사랑방은 황소 먹일 여물 삶는 가마솥이
화목이 맛있는지 아낌없이 삼켜댄다

산판에서 벌목하여 도회지로 팔려가고
너도나도 화목벌채 인근산은 민둥산에
깊은 산중 아니면은 구하기도 어려워져
두어 시간 먼 길을 오솔길로 올라가서
마른나무 길게 잘라 무겁게 지고 오면
양식에 버금가는 땔감 걱정 해결되고

쪼갠 장작 한짐 지고 솔가리도 긁어모아
시장에 내다팔아 생계를 이어가는
가난한 농촌에는 힘들고도 손쉬운 돈벌이고
벌거숭이 민둥산에 치산치수 조림사업
연탄보급 늦었지만 이때부터 산림녹화

초가지붕

우리 조상 대대로 살아온 초가집은
기와 너와 억새풀 지붕도 있다지만
농사지은 볏짚으로 지붕덮기 당연하지

가을걷이 모두 끝난 한가한 틈을 내고
둥근달 벗을 삼아 볏짚으로 이엉 엮어
어느 날에 작업할까 이웃들과 품앗이로
묵은 이엉 걷어내고 새것으로 갈아입네

용마루가 마지막 올라가면
새끼줄로 단단하게 양쪽에서 잡아당겨
덮은 이엉 고정시켜 비바람에 끄떡없게
처마추녀 끝자락은 단정하게 이발하듯
산뜻하게 깎아주면 인물도 훤하구나

오늘일이 끝이 나고 저녁상에 둘러앉아
이웃 정을 나누다가 내 집으로 돌아가고
십여 일이 지난 후면 동네 지붕 너도나도
새옷으로 갈아입고 월동준비 끝이 난다

호박

이른 봄 몇 개씩 꽂아놓은 구덩이에
생쥐란 놈 그냥 둔 게 다행이지만

양지 쪽 햇살 안고 새싹이 돋아나고
울타리 나뭇가지 놓칠세라 움켜잡고
힘주어 앞 다투며 올라가더니

암수 구별 확실하게 꽃을 피우고
노랑꽃이 넓기도 깊기도 하지

애초부터 공짜는 없었는지
꽃과 벌은 상부상조
도우면서 살아간다

계절이 바뀌더니 갈 길이 바빠졌나
모진 풍파 견디면서 힘들고 지쳤는가
넝쿨호박 누우렇게 늙어버렸네

대추

늦잠 자고 일어났나 게으른 대추나무
남들은 일찌감치 햇볕그늘 지었는데
느지막이 움을 틔워 어느새나 따라가나

예쁘지도 않던 꽃들 많게도 피우더니
가을은 어김없이 산골에도 찾아오고
붉게 익은 대추열매 주렁주렁 매달리면
그제서야 제대로 대접받는 대추나무

옆으로 뻗은 가지 부러질까 걱정인데
긴 장대에 휘둘러서 후두둑 떨어지면
지붕에서 멍석에서 쪼글쪼글 말라지고

제사상 초례상에 어김없이 올라앉아
잠시나마 고관대접 큰절로 인사받고
백설기 약과에도 빠짐없이 맛을 내고
대추차도 달콤하게 한겨울을 기다린다

산판벌목(山板伐木)

수십 년 된 소나무들 소리없이 쓰러지니
뭣 때문에 무슨 죄로 이렇게 베어가나
무슨 잘못 있었는지 죄목이나 알아야지

생면부지 도회지로 트럭타고 팔려간다
목적지는 나무시장 사방에서 모여들고
제재소 앞마당도 산더미로 쌓이는데
여염집 아궁이는 장작오길 기다리고
건설현장 공사판은 목재오길 기다린다

벌거벗은 민둥산은 하루하루 늘어나고
가뭄으로 물 부족에 산사태가 걱정이네

산판업주 나무장수 집집마다 아궁이들
애초부터 나무들과 원수진 일 있었겠나
밥 해먹고 군불 떼고 다른 수단 없었으니

사랑방

언제나 정갈하고 조용한 사랑방에
곱게 짠 돗자리 깔아놓고
화롯불 따듯하게 방을 데운다

할머니 손을 잡고 사랑방에 올라가면
넉넉한 무릎 위에 어린 손자 앉히시고
언 손 호호 불어주던 담배냄새 할아버지
곶감 알밤 받아먹는 맛있는 그 재미로
사랑방에 가자고 졸라댔지만

예닐곱 되자마자 천자문 배우라신다
한문공부 하기 싫어
사랑방에 안 가려고 떼를 썼는데

외조부님 오시던 날 두루마기 갓 쓰시고
마주보며 공손하게 인사도 나누시던
늦은 밤 모두 모여 제사도 모시던 방
앞집 뒷집 할아버지 구수한 이야기가
밤늦도록 문틈으로 새어나왔지

매미소리

무더운 여름나무 두꺼운 그늘 아래
널평상 옮겨놓고 목침 베고 누웠으나
극성스런 매미들이 낮잠을 방해하네

무슨 사연 있기에 그렇게도 울어대나
님 그리워 사랑 찾는 상사병 울음인가
한낮더위 식히려는 오페라 무대였나

이쪽에서 맴맴맴 매앰~
저쪽에선 쓰으럼 쓰으럼~
건너편 나무에도 왕매미가 찌이 찌이~
멜로디도 다르지만 음색도 각각이네

온 동네가 시끄럽게 노래 부를 때
한가롭게 뛰어놀던 할 일 없는 아이들이
손바닥 재빠르게 덮쳐 잡았지
매연과 농약으로 줄어든 매미소리
이러다가 매미들이 사라질까 걱정되네

개미 집단

여왕을 중심으로 일사불란 빈틈없이
통치에 복종하고 반역은 절대 없다
병정개미 적과 싸워 영역을 지키면서

필요할 땐 언제든지 영토를 옮겨 가고
길게길게 늘어선 행군대열 신통한데
피난인가 훈련인가 생존의 문제인가
수많은 무리들을 안전하게 인솔하여
목적지를 찾아가는 지혜가 놀라워라

일해라 말 없어도 경계서라 안 시켜도
자기 일 실수 없이 훈련받은 병사 같다
잘못했다 질책도 비판도 없겠지만
먹을거리 생기면 신속하게 보고하여
서로서로 힘을 모아 집으로 끌어가고
자기 몫 다하면서 집단에 충성한다

자기 본분 다하면서 불평 없는 개미사회
본받을 것 없는 건지 생각해볼 일이로다

개미귀신

길목 좋은 개울가 미세한 모래톱에
오목하게 재미있는 함정을 파고
숨어있는 개미귀신
꼼짝달싹 하지 않고 머리카락 보일까봐
숨어서 기다림이 쉽지만은 아니겠다

귀신 덫에 걸린 개미 비명 한번 못 지르고
꼼짝없이 잡혀가네
저승사자 인수하여
옥황상제 알현하니 천당지옥 오고 가고
무릎 꿇고 앉았으니 집생각이 절로 난다

변호사도 없는 법정
용서를 빌었지만 무슨 변명 통하겠나
범죄사실 하나하나 꼼꼼하게 문초하니
죽은 것만 먹고 살진 않았구나
앞 못 보는 지렁이도 굼벵이도 맛있더냐
방어능력 하나 없는 연약한 벌레들을
무참하게 죽였으니

부패한 것 좋아하니 부정도 있었겠다
아닙니다 그런 것은 사람들만
개미 말이 끝나기도 전이지만
개미 말 가로막고 용단을 내리시니

긴 수염 점잖게 다시 한 번 쓰다듬고
위엄 있는 목소리로
저런 자는 중죄로 다스려야 하느니라
지옥으로 데려가라 지엄하신 분부시네

개미나 인간이나 귀신은 무서운 것
죄짓고 살지 말고
착한 일만 하고 살면
천당 간다 했다잖아

미루나무

신작로에 늘어선 높지 않은 미루나무
여름더위 하교길에 앉아 놀게 그늘지고
농부들 땀 식히며 잠시 앉아 쉬게 한다

오고가는 사람들과 소달구지 바라보며
어딜 가냐 이제 오나 일일이 인사하네

마을 앞 개울가에 홀로 선 미루나무
언제나 우두커니 멋없는 키다리 나무
큰 태풍 비바람이 거칠게 몰아칠 때
있는 힘을 다해서 버티기도 쉽잖은데
얹혀사는 까치집이 떨어질까 걱정한다

먼발치 높이서서 우리 마을 집집마다
들고나는 사람들 눈여겨 살피면서
나쁜 일 있을까봐 지켜주던 미루나무

신작로 가로수도 홀로 섰던 키다리도
어디로 떠났는지 모두 다 사라졌네

밭갈이 소는

이랴 이랴 워어 워어
뒤쫓아 쉴 새 없이 발걸음을 재촉하고

쟁기날이 갈아놓은 습기 찬 이랑에는
굼벵이 지렁이들 하릴없이 놀더라만
빨리 가자 바로 가자 잔소리 듣기 싫어
짜증 없이 묵묵히 소걸음 한다

일할 때는 군것질 하지 마라
이해 못할 소가 있나
입마개를 씌웠으니 푸념인들 할 수 없고

가을바람 불어오고 오곡백과 무르익어
황금들판 일렁이면
외양간 밥상에도 풍년이 올라오고

봄 여름 가을까지 힘든 날도 있었지만
사람들과 사는 것이 행복인 것을
지렁이 굼벵이가 무엇을 알까보냐

정미소

추수 끝난 볏가마니 소잔등에 달구지에
바리바리 지고 싣고 정미소로 모여든다

수백 가마 모였으니 줄지어 정열하고
긴긴 날 쉬지 않고 아침부터 밤늦도록
사람은 기계 따라 기계는 사람 따라
정미소 온 가족이 뽀얀 먼지 덮어쓴다

정미소 한귀퉁이 원동기는 돌아가고
씩씩하고 듬직한데 소리도 묵직하다
넓은 바다 주름잡던 선박용 엔진이라
힘도 세고 부지런해 신뢰받던 기계였지

엔진 속을 식혀 나온 따듯한 물줄기는
아줌마들 빨래터로 밤이면 목욕물로

어머니들 일손 덜고 디딜방아 편해지니
늦게나마 찾아온 기계문명 고마워라

수박 마음

통통하게 살찐 수박 둥근 몸매 자랑하며
푸른 바탕 검정 줄무늬 단정하게 차려입고
먼 길 떠나 단체로 여행가나 했더니
북적이는 시장통에 팔려왔구나

달고 시원한 붉은 속살 삼켜버리고
까만 씨만 엄마 잃고 아무데나 버려지네

추위도 막아주고 맛난 것도 먹이면서
목마를 땐 갈증도 풀어주고
철없이 뻗어 가면 바로가게 살피면서
맨땅에 뒹굴까봐 볏짚베개 받쳐주고
어느 누가 업어갈까 밤잠도 설치면서

자랄 때는 정성들여 애써 키워 주시더니
떠날 때는 어이 그리 매정하게 보내시나
정보다 돈이었나 우린 속고 살았구나
그래도 맛있게 먹는다니 여한은 없다

그때 도시 풍경

휴전되고 3년이라 전쟁냄새 남았는데
가난하고 힘들게 살았던 시절
시골에서 할 일 없어 대처로 모여드니

어느 한 곳 제대로 넉넉한 곳 있었을까
배경 없고 돈 없으니 수단껏 살아간다

산더미로 쌓여있는 통나무 장작시장
산판에서 벌목하여 여기까지 왔다더라
산골에서 구운 숯도 집채만큼 쌓여있고

수돗물은 동네마다 공동으로 사용하니
물 나오는 시간이면 물통들은 줄을 선다
물지게 뒤뚱뒤뚱 뒷모습은 힘이 들고
손수레 물장수는·식당들이 단골손님

도심거리 곳곳마다 수없이 많은 다방
유성기 음악소리 향수에 젖게 하고
낯설은 아가씨도 세련된 마담들도

손님 취향 맞추려고 커피맛은 좋아지고

대나무에 헝겊 달고 그을음 덮어쓴 채
굴뚝청소 아저씨는 목소리도 컬컬하게
뚫어 뚫어 뒷골목을 외쳐대고

우마차에 올려 실은 지저분한 인분탱크
똥통은 앞뒤 어깨 솜씨 좋게 걸쳐 메고
골목길을 누비면서 향기를 풍겨댄다

넝마망태 짊어지고 골목거리 뒤지면서
고물 줍는 쇠갈쿠리 손놀림도 날렵하고
택시는 없었는지 교통당국 묵인인지
외국산 자가용이 버젓이 영업하고

약전골목 한약재는 전국에서 모여들어
가게마다 가득하고
작두질도 솜씨 좋고 약 냄새도 좋았는데

말만 듣던 양키시장 외래품만 파는구나
한낮에도 전등불이 눈부시고
가지각색 외국상품 질서있게 손님맞이
소매상인 소비자들 심심찮게 드나든다

국경일 기념일에 고등학생 악대들이
제복도 단정하게 북치고 나팔 불고
소방서 앞을 지나 삼거리 로터리로
법원 앞을 가로질러 성당 넘어 운동장으로
대로변에 모두 나와 흥미롭게 구경한다

시가지를 내려보는 경찰국 철탑 위에
수동식 사이렌이 오포를 불어주면
내 뱃속도 덩달아 꼬르륵 흉내내고
밥상머리 모여앉아 허기진 배 채우면서
도시는 그런대로 무난하게 굴러간다

골뱅이

잔잔하게 흐르는 맑은 시냇물
새카맣게 뚜껑 쓰고 얌전하게 눌러앉아
무슨 생각 그리 하나 골뱅이들아

저승사자 온다는데 귀가 어둡나
우리 동네 아줌마들 언제나 그렇지만
틈만 나면 너희들 사냥을 간다

달아날 기술조차 없는 놈들아
다른 수단 없다더냐 꼼짝없이 당하면서

허벅지 잠긴 물에 잔물결 잠재우며
살금살금 내 손안에 소리 없이 들어오면
하나하나 모아지는 재미가 쏠쏠한데

운수 나빠 잡힌 것들 끓는 물에 목욕하면
속살 내어 된장찌개 해장국도 시원하고
양념으로 버무리면 밑반찬도 그만이다
멍석 깔고 먹는 밥상 힘든 일은 간데없네

외나무다리

앞개울 건너던 외나무다리
옛부터 편리하게 오고 가게 있었겠지
어느 곳은 외나무로 걸쳐 있고
어떤 곳은 두세 나무 묶어서 만든 다리

저쪽 건너오는 사람 기다렸다 가야 하니
불편한 건 물론이고 미끄러져 넘어지고
장맛비에 홍수로 그 다리 못 건너면
돌아갈 길 없었으니 학교는 공치는 날
선생님도 알아주신다

염소들은 겁도 없이 날렵하게 건너지만
암소 황소 덩치 크고 겁이 많아
다리 밑을 가야 하네
얼음 섞인 차가운 물 맨발로 건너자니
손발은 아프도록 시려워서
나는 새가 부럽기만 했을 게다

한겨울엔 미끄러워 새끼줄 신에 감고
가는 모래 한 움큼씩 적당히 뿌려 가며
조심조심 건너던 외나무다리

장마철 폭우 내려 떠내려가면
물 빠진 뒤 어른들은 바쁜 손 틈을 내어
돌무덤 다시 쌓고 긴 나무 다시 얹어
하루 만에 보기 좋게 조금 높게 복구된다

원수는 못 만나고 연인들은 만났겠지
칭찬 불평 들어가며 자기 몫 다하다가
튼실한 콘크리트 다리 서고
말없이 사라졌네 인사도 못 나누고
그동안에 수고했다
다시 못 볼 외나무다리

소풍

전쟁통에 무슨 소풍
휴전 후에 두어 번 갔겠지만
언제나 소풍길은 가깝고 가기 쉬운
솔밭언덕 아니면 시냇가 모래사장

민물새우 빠가사리 골뱅이 잡은 후에
씨름 한판 벌어지면 점심시간 되었구나

맨날 먹던 꽁보리밥 오늘만은 밀려나고
보리쌀 조금 섞인 하얀 이밥에
계란부침 특별히 하나 얹고
풋고추조림에 무우짠지 전부지만
어머니 정성이라 그 맛이 오죽할까

식사 후에 보물찾기
몇 사람만 운 좋았고
버들피리 꺾어 불고 술래잡기 하다 보면
소풍길 하루 해도 저만치 달아났네

수학여행

해마다 가을이면
고은사 주왕산 불국사까지
수학여행 간답시고
들떠있는 분위기네

가난한 아버지들
마음 아파 하실까봐
말씀 한번 못 드리고
기죽은 아이들 불만스런 표정들이
교실 안에 가득하다

공부만 하면 되지
그까짓 수학여행 없었으면 좋겠는데
그때마다 짧은 생각
당연했겠다

서당

우리 동네 아이들과 이웃마을 학동들
흰 수염 점잖게 늘어뜨린
훈장님 앞에 나란히 앉아
천자문 동몽선습 명심보감
수준에 맞지 않는 통감까지도

아침 일찍 모여앉아 어제 배운 과목 복습한 후
오늘 배워 집에 가면 낮에는 시간 없고
저녁이면 호롱불 등잔 밑에
이웃집이 시끄럽게 글공부 흉내낸다

어떤 날은 글씨쓰기 문방사우 준비하여
자세를 잡지마는 생각대로 되지 않고
훈장님 껄껄껄껄 점잖게 웃으시며
정신집중 하라신다

좋지 않은 환경 탓에
못다 한 학문이며 지식쌓기 아니던가
열심히 공부하면 세상이 보인다던
훈장님 그 말씀이 새롭게 떠오른다

도박

장날도 아니건만 결석하면 큰일 날까
윗마을 아랫마을 건달들이 약속한 듯
단골들이 삼삼오오 끼리끼리 모여앉아
담배연기 자욱한데

할 일 없는 농한기에 심심풀이 도를 넘어
뜬눈으로 밤새면서
남의 것을 욕심내어
본전생각 하다 보면 판돈은 커져 가고

물길 좋은 논뙈기며
자식같은 암소까지 잡혀먹고
후회한들 소용없네 자업자득 아니던가

노름해서 부자 된 자 어딘들 있었다고
화투판은 언제나 잃은 사람뿐인 것을
늦기 전에 손을 씻고 헛된 욕심 버렸으면

왕거미

대추나무 밑가지와 울타리 끝을 잡고
왕거미 부지런히 솜씨도 좋게
둥그렇게 그물 치고 느긋하게 숨어 앉아
입맛을 다시면서 저녁밥상 기다리고
날파리 하루살이 벌 나비들
먹성 좋은 왕거미 배채우기 넉넉하다

꿈자리 운수 나빠 걸려든 참새 한 마리
파닥파닥 벗어나려 안간힘을 쓰고 있고
개구쟁이 아이들 놓아주면 좋으련만
종아리에 실을 매어 장난을 치고
왕거미는 꽁무니 실 뽑으며 괴롭힌다

내가 무슨 큰 욕심 부렸겠나
잠시 잠깐 실수하여 우연히 걸렸으니
그 참새 무슨 죄가 그물 친 내 잘못이니
참새님은 놓아주고 나만 벌주오
왕거미 착한 생각 아이들은 몰라주네

우리 학교

20여 년 세월 지난 목조건물 교실에는
난방장치 하나 안 된 차가운 마루바닥
장작난로 피우지만 오들오들 수업이고
기와지붕 덮었으니 여름에는 시원했지

운동장 앞쪽에는 플라타너스 나무그늘
화단에는 크고 작은 향나무 늘어섰고
봉선화꽃 맨드라미 때맞춰 피고지고
가을이면 코스모스 가을 냄새 더해주고
벚나무도 듬성듬성
봄이면 화사하게 꽃을 피웠네

뒤쪽에는 우리나라 연못지도 보기 좋게
은행잎 노란단풍 곱게도 물들었고
학교입구 벚꽃길은 터널을 이루면서
눈부시게 활짝 피어 걷고 싶은 길이었지

아련한 추억 속에 잊지 못할 우리 학교
선생님도 생각나고 동창생들 보고 싶네

추수

농사는 천하대지본이라 하였으니
우리는 옛적부터 농사짓고 살았더라

풍년농사 기원하며 벼농사가 시작되면
묘판설치 모심기에 김도 메고 거름 주고
가뭄 들면 물 끌어다 갈증해소 논물대기
논두렁 잡초 베고 피도 뽑고 새도 쫓고
온갖 정성 흘린 땀이 결실을 맺었으니
가을이라 황금들판 농부 얼굴 웃음피고
힘든 일 벼베기도 저절로 신이 난다

앞마당 빈틈없이 볏가리가 쌓여 가고
탈곡기 하루 종일 부지런을 떨고 나면
볏가마니 가득가득 배부르게 채워진다

때맞춰 씨앗 뿌린 밭곡식도 무르익어
콩 수수 참깨 들깨 녹두 팥 차조 매조
집마당에 옮겨와서 타작하여 알곡으로
이집 저집 온 동네가 풍년을 노래한다

산머루

토실토실 산머루가 검게도 익었구나
늦여름 깊은 산길 마른나무 지고 올 때
옹달샘 찾아나선 머루덤불 밑에서
임자 없어 따먹는데 다람쥐가 흘겨본다

칡 이파리 여러 겹 깔아놓고
수십 송이 욕심부려 얼기설기 묶은 다음
터질까 조심스레 나뭇짐에 얹어오면
아이들 간식이라 너도나도 좋아한다

혓바닥이 시커멓게 어금니 시리도록
새콤달콤 맛이 좋아 실컷 먹고 남았구나
시골 산골 아니면은 어디 가서 맛을 볼까

며칠 후 조용한 날 조카녀석 앞세우고
다래끼 메고 가서 넉넉하게 따오면은
이웃들과 나눠먹고 머루주도 담가야지

다리와 나룻배

넌들 어이 무사하랴 부서진 다리
인민군 보급로 폭격이라 안 했던가

교각은 시멘트로 튼실하게 받쳤지만
틈새 넓은 두꺼운 송판 바닥
난간조차 없었으니
시퍼런 시냇물 깊이 있게 흘러가고
내려보면 아찔한데
아이들은 무서워서 엉금엉금 기어가고
어른들은 성큼성큼 잘도 건너가신다

많은 사람 오고가는 중요한 교통로에
그 다리가 없었다면 학교엔들 다녔겠나
두 동강이 나고 보니 답답하고 불편하다
비가 와서 큰물 지면
화물차 소달구지 꼼짝없이 발 묶이고
나무장수 엿장수도 장 보러 가는 이도
물 빠져야 오고 가니
새삼스레 그 다리가 고마운 줄 알았단다

그 다리 끊어지니 무슨 수가 있겠는가
나룻배는 어디서 왔는지 알 수 없지만
이쪽에서 밧줄 당겨 강 건너 매어놓고
밧줄에 의지하여 나룻배를 움직이니
뱃고동 소리 없이 조용히 오고 간다
뱃사공 힘이 들고 승객들도 불안한데

전쟁이 물러가고 몇 년이 지난 뒤에
튼튼하고 늘씬하게
멋진 다리 놓았다고 소식 들었지

뱃사공 아저씨는
꼬부랑 할아버지 되셨을까
물 건너던 나룻배는 무슨 생각 하고 있을까

2부

전쟁은 비극을 낳고

전투구경

어느 날 아침나절 앞산 넓은 능선에서
어느 쪽이 공격하고 어느 편이 쫓기는지
국군인지 적군인지 분간하기 어려운데
총구에는 불을 뿜고 총소리는 콩을 볶고
폭음이 진동하여 화약연기 자욱하다

놀라고 겁에 질려 방문창호 구멍 뚫어
생방송 전투장면 숨죽이며 구경했네

한동안 지난 후에 조용하고 잠잠한데
전사자 부상자는 또 얼마나 생겼을까
하늘은 기가 막혀 넋을 잃고 내려보고
지나가는 뭉게구름 눈물을 글썽인다

생사를 넘나드는 극한 상황 전쟁터
군에 보낸 부모마음 애타는 마음
근심걱정 밤낮없이 떠날 날이 있었을까

6·25의 참화

이 강산을 할퀴고 간 3년간의 전쟁 통에
참혹한 그 비극을 기막힌 그 참화를
어느 누가 피해 갈 수 있었을까

사흘이 멀다 하고 슬픈 소식 날아드니
전사통지 받아들고 망연자실 쓰러지는
유가족들 통곡소리 온 동네 슬픈 눈물
그칠 날이 마를 날이 없었더라

전우의 품에 안겨 돌아온 유골 앞에
그렇게도 신신당부 몸조심 하랬거늘
불효막심 내 아들아 내가 어찌 키웠는데
부모 마음 이다지도 몰랐더냐
내가 먼저 가야 할 길
늙은 애미 어쩌라고 너가 먼저 떠났더냐
하늘이 무너지고 가슴이 찢어진다

남편 잃은 미망인들 청천에 벽력이고
누굴 위해 귀한 목숨 초개같이 버렸는고

이 몸보다 나라가 중했나요
어린 남매 어쩌라고 나는 어쩌고
살아갈 길 절박하고 앞길은 막막한데
원망한들 통곡한들 가신님은 대답 없고
비통한 그 심사를 달랠 길이 있었을까

멀쩡하던 육신을 전장에서 잃었으니
불구의 몸이 되어 고향으로 돌아와
기다리던 부모형제 눈물로 상봉하고
역전의 용사지만 정신마저 나약한데
전쟁 중인 나라 형편 무슨 여유 있었겠나
아무런 도움 없이 힘들게 살아가고

휴전이야 되었지만 상처는 깊어
골짝마다 능선마다 젊은 영혼 갈길 몰라
구천을 헤매이고
가매장한 인민군 무덤에는 들개들이 모여드니

모두가 귀한 자식 금쪽같이 키운 자식
그들 부모 얼마나 애태우며 기다릴까

참으로 애닯 어라 안타까워라
눈물 없이 볼 수 없고 눈뜨고는 볼 수 없네

크지 않은 이 고을이 이 지경이 되었거늘
삼천리 방방곡곡 뿌린 피가 얼마이고
울부짖는 피눈물이 얼마던가
피를 나눈 동족끼리 사상이념 무어길래
이런 참변 이런 비극 하늘 아래 또 있을까

전장의 포화 속에 사상자는 수 백만 명
생사조차 알 길 없는 행방불명 얼마던가
남부여대 피난길에 헤어진 이산가족
정든 땅 두고 온 실향민은
언제나 고향 갈까

고생길 피난생활 필설이 모자라고
잿더미 참화 속에 엄마 찾는 고아들아
너희 부모 죄가 없다 시대 잘못 만남이니
어서 빨리 자라거라 눈물 닦아라

열강들 틈에 끼어 무참하게 당했구나
씻지 못 할 상처만 남겼으니
승자는 누구이고 패자는 누구인가

유비무환 부국강병 우리 모두 한맘 되어
평화를 지켜야지 전쟁은 막아야지

입영환송

면사무소 앞마당에
나라의 부름 받고 피 끓는 청년들이
승리 글자 선명한 머리띠 동여매고
면장님 환송연설 귀담아 듣고 있네

면내유지 구장님들 모두 다 나오시고
학생들도 동원되어 이별을 같이 한다
지서장님 만세삼창 선창으로
길지 않은 환송식은 끝이 나고

귀한아들 전쟁터로 보내는 부모마음
눈시울 적시면서 신신당부 어머님걱정
몸조심 건강해라 편지도 자주하고
형제자매 친구들과 아쉬운 이별 속에

어머님 아버지 형수님도 모두모두
안녕히 계십시오 건강하세요
눈물을 감추려고 약한 마음 비칠까봐
재빨리 몸을 돌려 트럭 위로 올라간다

신작로 양쪽에는 꼬마학생 줄을 지어
태극기 흔들면서
무운장구 빌어주고

먼지 나는 트럭 위에
빽빽하게 앉고 서고
사랑하는 부모님과 가족들도
친구들 뒤로한 채

조국을 지키련다 각오를 다짐하며
용진가 힘차게 부르면서
승리의 깃발 들고 전장으로 달려간다

산골 피난길

라디오 한 대 없는 귀 어두운 시골동네
전쟁 났다 웅성웅성 모두가 긴장하네
폭격기는 북쪽으로 수없이 날아가고
인민군들 재빠르게 읍내까지 왔다는데

어수선한 피난길 깊은 산속 낯선 밤 오솔길에
자빠지고 넘어지고 따라가기 힘이 들고
바위 밑에 쭈그려 앉고 누워
산모기는 극성인데 잠자린들 편하겠나

애기들 울음소리 엄마들은 애가 타고
마른 나무 주워다가 연기 날까 조심스레
밥 짓고 국 끓이고
찌개 끓일 여유는 없다
준비 없이 집을 떠나 먹을 것도 넉넉잖아
아껴 먹고 허기 좀 진다 해도
피난이란 이런 거 아니겠나

죄 없이 숨어 지낸 닷세 엿세 길기만 한데
돌아가는 상황을 알 수가 있어야지
답답하고 궁금하고 조바심은 더해 가고
뿌리고 심어 놓은 농작물은 어떠한지
걱정되는 마음들은 한결같은데

두어 명이 짝이 되어 앞뒤좌우 살피면서
으슥한 밤길 따라 조심조심 내려가서
아랫마을 동정이며 전선의 소식들도
이런저런 귓속말 얻어듣고 돌아온다

새벽닭 울음소리 멀리서 들려오고
뿌옇게 동이 트며 어둠길이 열렸으니
볼품없는 짐 보따리 앞 다투어 이고지고
짧지만 긴 시간 피난길 돌아오니
완전무장 군인들이 줄지어 지나가고
빈 집 지킨 해당화 맨드라미 나팔꽃이
영문도 모르면서 반갑게 맞아준다

전쟁 미망인

전사통지 받았을 때 눈앞이 캄캄하고
정신을 잃었는데
그날 이후 그이는 소식이 없네

자나 깨나 못 잊어 그리움은 더해 가고
아이들도 아빠를 불러보지만
한번 가신 그 사람은
다시 오지 않는구나

긴 세월 한숨으로
아픔을 참아가며
시부모님 알뜰하신 사랑은 있었지만
한 맺힌 이네 마음 달랠 길 없고
곧 돌아오리다 걱정 말고 잘 있어요
그 말씀은 아직도 귓전에 머무는데
어느 산천 헤매이는 고혼이 되었을고

꿈에라도 한번 와서 어린 딸들 재롱 보고
외로운 이 마음도 달래주면 좋으련만

길이 멀어 못 오시나 산이 막혀 못 오시나

어느 날 친정 아배
기별 없이 오셨구나
사돈간에 주고받는 수상한 이야기가
문틈으로 자그맣게 새어나온다

애미야아 밖에 있느냐아
아버님 낮은 목소리
아버지 옆자리에 다소곳이 앉았을 때

애미야아
이젠 우리 곁을 떠날 때가 되었구나
진작에 이런 생각 하긴 했다만
아버님 목소리 떨리시고
뒷전에 앉아계신 어머님
눈물 훔치신다

늦가을 저녁 뜰에 어둠이 내려앉고
등잔불 희미하게 분위기는 무거운데
시어른 두 분 앞에 피눈물로 하직인사

귀여운 어린 두 딸
시부모님 정을 두고
쌓인 정 고마운데 이 마음이 괴로워서
잘 있거라 잘 가거라 이웃에도 인사 없이
아버지 뒤를 따라 눈물로 떠나가네

잠이 깨면 엄마 찾을
어린 두 딸 두고 가는 죄 많은 어미 마음
천 갈래 만 갈래로 가슴이 찢어진다

아픈 상처

휴전이야 되었지만 화약 냄새 남아있고
곳곳에는 불발탄이 위험하게 널렸지만
기력조차 찾지 못한 행정력은 멀리 있고

어수선한 전쟁 뒤에 학교는 개점휴업
아이들은 어디 가서 무얼 하고 노는 건지
부모들은 농사일에 돌볼 틈이 있었을까

열두어 살 다섯 아이 옹기종기 둘러앉아
주워온 불발탄을 호기심에 두들기다
순식간에 사라지니 이런 변이 또 있을까

짧은 세상 살다 가니 불쌍하고 가엾어라
철없는 어린것들 무슨 죄로 잡아가나
못다 핀 어린 생명 앞길이 창창한데
허망하게 이 세상 하직하고
구름 타고 멀리멀리 떠나던 그날 밤에
하늘도 서러워서 눈물 비 하염없이
밤새워 주룩주룩 슬피 울며 내리더라

님들이여

생과 사를 넘나드는 처절한 전장에서
몸과 마음 다 바쳐 조국을 지켰으니
그대들이 없었다면 이 나라가 살았을까
나라 위해 바친 공이 태산이 모자란데
님들이 지켜주신 이 조국 이 겨레가
충정의 나라사랑 그 은혜 잊으리까

예측 못한 기습남침 준비 없이 맞은 전쟁
풍전등화 누란의 위기에서
내 한몸 안일보다 내 가족 사랑보다
내 이웃 인정보다 내 조국이 중했으니
호국의 의지 앞에 두려움이 있었을까

그대들이 흘린 피가 헛되지 않았기에
참혹한 잿더미에 시련을 딛고
풍요와 자유 민주 번영의 꽃 피우고
희망으로 승화시킨 초석이 되었으니
고귀한 희생정신 영원히 빛나리라

오늘도 현충원 성역에서
이름 모를 산기슭 골짜기에
외로이 누워 계실 수많은 호국영령
긴 세월 병상에서 병마와 싸우시는
역전의 용사들이시여

통일의 험한 길이 아무리 멀다 해도
숭고한 호국정신 가슴 깊이 새기면서
높은 뜻 이으리라 우리 모두 하나 되어
영원히 지키리라 영광된 이 조국을

국군과 함께

나라 잃은 서러움은 역사가 말해주고
국론분열 무비유환 누란의 위기상황
6 · 25의 교훈이 증명하지 않았던가

철저하게 계획된 기습남침 총구 앞에
준비 없이 당한 침략 막아내기 쉬웠을까
병력장비 열세 속에 목숨 바쳐 싸우면서
우방국의 힘을 빌려 물리치지 않았던가

동족상잔 참극을 일으키고 반성도 없이
호전적인 무리들은 오늘도 한결같이
평화를 위협하고 긴장을 조성하니
국방과 안보태세 변함없이 중요한데

우리의 젊음들이 호국정신 이어받아
일기당천 강한 기백 위풍도 당당하게
조국수호 사명감에 젊음을 불사르니
장하다 그대 있어 자유민주 건재하고
국력은 신장되고 세계로 뻗어간다

자유평화 지키려는 자랑스런 국군이여
북녘의 대지에도 무궁화 필 때까지
승리의 그날까지 영광의 그날까지
끝까지 분투하여 조국을 지키소서
자랑스런 대한의 국군이여 사랑하노라
국군과 함께 우리 모두 하나 되리라

오빠생각

진달래꽃 만발하던 따듯한 어느 봄날
오빠는 나라 지킬 용감한 군인 되어
전쟁터 일선으로 떠나셨지요

막내동생 예쁘다고 귀여워만 하신 오빠
적과 싸워 이기고 오신다더니
보고 싶단 편지 받고 얼마인데
다시 못 올 먼길을 떠나셨다고

엄마는 오빠를 부르시며 통곡하시고
아빠는 망연자실 먼산 보고 계신다

휴전되고 휴가 오신 오빠친구 찾아가
같이 가신 우리 오빠 왜 못 오나 물어봐도
서럽게 우는 나를 달래주는 대답 없네

엄마는 하루하루 눈물로 보내시고
오빠가 보고 싶어 생각나서 함께 웁니다

3부

언제나 바로 설까

정치가 이래서야

선거철이 돌아오면 거리가 시끄럽다
자기만이 애국자요 국민을 위한다고
목청 높여 외치면서 큰소리 치네
오고가는 사람마다 악수는 기본이고
거리 골목 누비면서 허리 굽혀 부탁한다
선거운동 힘들지만 당선만 되고 보자
일부 소수 선량님들 정치 아직 미숙하여
당선되면 그날부터 국민들을 실망시킨다

정기 임시 분과회의 결석한들 내 맘인데
개회시간 되었지만 정족수 미달이고
대정부 질문한 건 유권자용이던가
답변은 듣지 않고 자리를 뜬다지요

의장석 점거하여 의사일정 방해하고
삿대질 멱살잡이 난장판이 따로 없네
전기톱에 망치까지 소화기도 한몫하고
민망한 일 보이시니 품위손상 어떡하며
국제적인 웃음거리 나라망신 따로 없네

대통령 시정연설 중요한 그 자리에
푹신한 빈자리는 왜 그렇게 많은지요
궁금한 것 있으시면 질문시간 있을 텐데
연단으로 올라가서 연설을 방해한 건
나름대로 잘한 것 같지마는 그건 아닌데

나라사랑 사명감에 불철주야 열성으로
국익 위해 몸 바치는 선량님도 많다는데
민생법안 쌓였지만 발목잡고 끌려가고
시한 넘긴 새해예산 법 어겨도 되는 건지

당리당략 정파싸움 정치란 게 이런 건가
소신대로 주관대로 똑바로 가면 될 걸
이리저리 눈치보며 다음 선거 계산하고
민주주의 간판 아래 말장난이 난무하니
언제나 바로 설까 우리네 정치문화

부정비리 의원명단 언론보도 볼 때마다
사실무근 오보라고 말하고 싶소

훌륭하신 어버이라 아들딸이 존경하고
유권자들 신성한 주권을 행사하여
높은 학식 인격 믿고 국회로 보냈는데
설마 그런 낯 뜨겁고 부끄러운 소탐할까
지방선거 공천장사 않는다니 다행이고
헛소문 뜬소문이길 간절히 바라면서

진정으로 나라일 걱정하고 고민도 하고
잘 사는 길 연구하여 국민에게 희망주고
좋은 법 만들어서 국가번영 도모하고
예산 결산 성의있게 세밀하게 심사하여
유효적절 타당성을 꼼꼼하게 따져야지

국민을 위한다던 초심으로 돌아가서
만백성이 믿으면서 열심히 살게 하소
정치가 바로 서야 나라가 바로 서고
나라가 바로 설 때 선진국이 될 수 있고
희망정치 바라보며 국민들이 웃겠지요

종소리

도덕은 불감증에 부패문화 무성하고
곳곳에는 썩은 냄새 가실 날이 없다는데
희망의 종소리는 희미하게 들리구나

경종(警鐘)은 어디에 달아놓고
어느 누가 치는 걸까
그 종소리 들었는가
울린 지가 오래란다

작은 경종 들릴까 말까하니
큰 종으로 크게 울려
방방곡곡 난청지역
뒷걸음질 치는 사람
귀를 막은 강심장도
경종에 정신 차려 바로 가게 하였으면

부정부패

많은 사람 정직하고 건전하게
자기분수 지키면서 성실하게 산다는데

내 것이 아니면 욕심내지 말아야지
양심을 속여 가며 헛된 짓 하게 되면
세상이 어지럽고 가정도 병이 든다
욕심 없는 사람 있나 다스리기 나름이지

건설업자 공무원과 검은돈 주고받고
인허가 밀고 당겨 수억 원대 뇌물수수
납품비리 담합행위 누이 좋고 매부 좋고
금전으로 승진하여 높은 자리 가면 좋지

유흥업소 오락시설 성매매 업소까지
단속정보 알려주고 한 움큼씩 뜯어가고
지방자치 단체장님 의원님도
본전 생각 나겠지만 비리탈법 경쟁하나
주는 대로 받아먹고 소화기관 고장 나서
토해 내고 감옥 가니 추한 모습 역겨워라

망신살이 따로 없고 얼굴 두께 궁금해라

교육자도 선생님도 예외가 아니잖아
돈거래 승진하고 시설공사 손 벌리고
과외업체 선정 놓고 대가를 챙겨 넣고
수학여행 미끼삼아 돈벌이에 눈이 멀고
사무기기 구매하며 학교급식 꼬리 잡아
뇌물 받은 선생님들 부끄러워 어찌하나
성실한 선생님들 욕 먹이지 말아야지

초과근무 수당마저 부당하게 받아가고
직불금은 눈이 멀어 갈길 잃고 야단이라
나 혼자만 배부르고 등 따스면 그만인가
도덕성은 간데없고 잔재주만 판을 치네
크고 작은 검은 돈 챙겨 가면
품격 높은 부귀영화 얼마나 오래 갈까

소문 안 난 부정비리 수도 없이 많을 텐데
감시감독 하는 분들 윗선에 앉은 분들

코가 없나 귀가 없나 입이 없나 눈이 없나
썩은 냄새 진동해도 내가 알바 아니던가
수사 손길 좁혀 오면 모른다고 잡아떼고
핑계 없는 무덤이야 없다고 하지마는
솔직하게 실토 않고 억지만 부린단다

솜방망이 처벌이면 다른 법을 만들어서
무거운 책임 물어 뿌리를 뽑아야지
법 만드는 그 사람들 그런 것은 못한다니
이 땅에 썩은 냄새 사라질 날 언제일까

나라경제 어려워서 실직자는 넘쳐나고
쪽방 신세 노숙자들 보이지 않던가요
헛된 욕심 버리시고 깨끗하게 살아보소
세상이 아름답고 마음마저 편안하지

청문회

이 나라 국가대사 이끌어갈 재목들을
알몸으로 뉘어놓고 건강검진 받으란다

이리저리 훑어보고 오장육부 찔러보며
쇠도 먹고 돌도 먹고 오물까지 먹었구나
위장전입 투기탈세 논문까지 욕보이고
병역문제 약방감초 서민 울린 명품사치
썩었으니 냄새난다 이실직고 하라신다

흠집허물 덮으려고 거짓말 말바꾸기
부도덕은 다양하고 의혹은 꼬리물고
바라보는 국민은 실망감에 열불난다

정직하게 양심으로 산 사람도 많다던데
청문회를 바라보면 왜 그렇게 속상할까
국가기강 유린되고 국민들만 바보였나
청문회 없었다면 묻혀지고 숨겨주고
덮어주고 묵인하고 쉬쉬하고 반복되고

고위공직 부도덕은 이 사람들 뿐이겠지
차라리 청문회 없어지면 마음 편할까

안전불감증

건설현장 붕괴사고 화재사고 물론이고
여름이면 물놀이 익사사고
자고 나면 교통사고 사고 없는 날이 없네

대형트럭 유조차량 화학물품 운반차도
생명을 걸어놓고 과속운전 한다는데
크고 작은 선박사고 풍랑파도 탓만 할까
모자라는 수면으로 졸음운전 관광버스
사고 없이 운행한 게 이상하고 다행이지

천재지변 자연재해 피하기는 어렵지만
알고 보면 많은 재난 인재가 아니던가
예방이 첫째지만 불감증이 문제지요
안타까운 대형사고 수습이 끝이 나면
언제쯤 그런 일이 설마 하며 잊어지고
마음은 안전한데 현장은 불안하다

우리 국민 한사람 한사람이
안전의식 재고하고

첫째도 안전 둘째도 안전
백 번인들 흉이 될까

자기 소유 장비시설
주의 깊게 점검하고 각자가 조심하여
불행한 재앙 없게 동일사고 반복 없게

관계당국 힘드나요 담당업무 쇄신하여
규정 어긴 업소업체 감시감독 철저하게
예방점검 강화하고 처벌도 단호하게
우리 가정 우리 사회 안전하게 살았으면

교통안전

교통사고 왕국이면 자랑스런 일이던가
세계에서 일등인데 얼마나 명예롭나
자고 나면 교통사고 하루에도 수십 건씩
인명피해 재산피해 안타깝고 한심하다

내 목숨이 소중하면 남의 생명 더 귀한데
크고 작은 교통사고 한순간의 실수지만
피해자와 가족들은 행복이 무너진다
뺑소니에 가장 잃고 절망하는 슬픔들도
졸지에 부모 잃고 고아 되니 안타깝다

고속도로 추돌사고 안전거리 무시했고
유조차 과적차량 무슨 배짱 배경 믿고
과속하여 뒤집히고 불내고 목숨 잃나
상황 따라 속도조절 운전습관 고쳐야지
졸음운전 정비불량 음주운전 과속운전
이것 모두 교통사고 원인인데
빨리빨리 가는 것만 기분 나고 멋이 있나
빨리 봐야 5분 10분

미리미리 출발하여
교통규칙 지키면서 전후좌우 살펴가며
느긋하게 양보하고 여유롭게 가면 되지

도로가 편안하고
보험회사 조용하고
정비공장 일이 없어 한산하면
꼴지 명예 벗을 텐데

음주운전

음주운전 교통사고
한 해 동안 천여 명이 사망이라
너무나 어이없어 할말을 잃었구나

술 마시고 운전하면 사고는 십중팔구
자기 혼자 피해보나
남의 목숨 앗아가니 그것이 문제인걸
자기 가족 남의 차에 목숨을 잃었다고
상상이나 해봤을까

음주측정 피하려고 달아나는 그 모습은
황천길로 뛰어가는 정신 나간 사람 같고
꼴불견이 아니던가
음주측정 거부하고 항의하는 그 배짱은
인품이 의심되고 코웃음이 절로 난다

단속하는 경찰관 들이받고
차에 달고 질주하여 귀한 목숨 앗아가고
한평생 장애자로 만들다니

피해자는 물론이고 가족들 아픈 상처
무엇으로 보상하고 위로하나

음주운전 적발된 자 살인미수 적용하여
엄격하게 처벌하여 강한 책임 물어야지
모두가 각성하고 법질서 바로 세워
허망하게 목숨 잃는 비극은 막아야지
그놈 술이 원수 되어 남의 인생 망친다면
백번천번 당연하게 음주운전 없어야지

먹거리 유감

살기 위해 먹느냐 먹기 위해 사느냐고
질문은 어려워도 대답은 간단하다
그래서 우리는 먹어야 산다고 하자

기왕에 그렇다면
위생적인 먹거리를 속지 않고 먹는 것이
우리 모두 바람이 아니겠나

외국산 쇠고기를 한우로 속여팔고
고추가루 가짜로 만들어서
소비자 우롱하고
중국산 천일염이 포장만 국산으로
김치까지 외국산이 국산으로 둔갑하네

외국산 홍어 대게 속이는데 어쩔거냐
썩은 계란 수십만 개 빵 굽는데 들어가도
빵 맛은 변함없고

유통기간 지난 것은 모르면 약이 될까
남긴 반찬 다음 손님 밥상으로
바퀴벌레 수십 마리 우글대는 주방에는
생쥐들이 들락날락 활개 치며 훔쳐 먹고

썩고 찌든 주방환경 위생상태 엉망인데
보건당국 무얼 하고 팔짱만 끼고 있나
음식으로 장난치는 양심 없는 그 사람들
돈벌이에 눈이 멀어 상식을 벗어나도
속고 먹는 사람들만 바보 아닌 바보 되네

화재사고

자고 나면 화재사고
안타까운 인명피해
애써 모은 재산까지 한순간에 잃게 되니
허망하기 그지없다

누전합선 과부하로 전기화재 일어나고
논밭두렁 쓰레기 태우면서
아이들 불장난도 담배꽁초 버린 것도
술 마신 후 잠자리에 촛불이 넘어져도
전기장판 난로과열 인화물질 취급 잘못
가정불화 감정폭발 심심찮은 방화사건

건조기에 산불은 수도 없이 일어나니
수십 년 가꾼 산림 순식간에 재가 되네

부주의 불감증은 화재로 이어지고
화재 뒤에 남은 것은 상처와 후회
모든 것을 잃은 후에 후회한들 소용 있나

기초질서

누구나 한두 번은 실수야 있겠지만
질서 없이 사는 것은 우리 사회 병폐지요
살기 바빠 무질서가 몸에 배인 탓이지만
기초질서 하나만은 지켰으면 좋겠네요

이 골목 저 골목에 담배꽁초 뿌려지고
불도 안 끈 담배꽁초 차창으로 내던지면
뒷차 운행 방해되고 화재위험 어쩌려고
공원에도 빈 술병에 쓰레기로 몸살이고
운동경기 끝난 후에 관람석은 목불인견
피서지는 마구 버린 쓰레기로 병이 들고
씹던 껌도 가래침도 거침없이 뱉어 낸다
전화 잘못 걸어놓고 미안하단 말도 없이
남의 발을 밟아놓고 모르는 척 지나가고
오고가며 어깨가 부딪쳐도 무심히 지나간다

질서가 무너지면 혼란하고 추해지고
지키면 아름다운 우리 사는 상식인데
이제는 변해야지 의식수준 높다면서

4부

자연에 살며

우주 이야기

우주의 생성진화 경이롭고 신비한데
태양은 언제부터 어떠한 인연으로
우리지구 생사존망 마음대로 좌우하며
태양계를 지배하고 은혜도 베푸시나

달은 어이 위성 되어 지구둘레 돌게 하고
수억 광년 멀리 있는 많고 많은 저 별들도
삼라만상 모든 현상 우리와도 상관있나

끝도 없는 우주공간 무한광대 멀지마는
수많은 별들 중에 우주인을 찾으려고
정복이네 탐험이네 온갖 기술 동원하여
그네들과 교신하려 신호를 보내지만
알지 못할 세상에서 어느 누가 답을 주고
응답한들 그 먼거리 어느 세월 교신할까

우리 조상 살던 곳이 저 별 중에 있는 걸까
저별들 어딘가에 저승 땅이 있다면은
먼저 가신 우리 님들 언젠가는 만나리라

집안 해충

파리들아 너는 어찌 더러운 몸 씻지 않고
위생상태 엉망으로 사람 먹는 음식물에
얌치없이 내려앉아 나쁜 세균 옮기면서
악취 나는 화장실로 썩어빠진 하수구로
통제 없이 다니면서 전염병도 옮기느냐

모기들아 너희들은 무슨 사연 있었기에
흡혈귀로 변신하여 사람피를 빨아먹나
짐승들도 니들한테 당했다고 하소연이다

세상에 먹을 것이 그렇게도 없다더냐
남의 피를 훔쳐 먹는 독하고 미운 놈들
말라리아 옮기는 건 니들이라 알고 있다

키니네 제약회사 뇌물 받은 모양인데
이제는 고층빌딩 아파트에 올라가서
사람들 괴롭힌다 헛소문이 아니더라

빈대 놈도 사람 피를 빨아먹고 살았잖아
낮에는 나무기둥 흙벽 틈에 숨어들고
밤에는 기어 나와 고이 잠든 사람들을
물어뜯고 피를 빨아 통통하게 배불린 후
벽을 타고 오르다가 불을 켜면 도망가고
느린 놈은 사면 벽에 피칠 하고 저승 갔지

얼마나 괴롭히고 잠 못 자게 하였으면
초가삼간 태우면서 빈대 잡자 하였겠나
코가 낮은 사람 보고 빈대코라 하였는데
성형수술 유행한 건 너 때문이 아니더냐
인간과의 전쟁에서 참패한 건 빈대였다
이제는 씨도 없고 이름조차 희미한데

벼룩이는 고양이 멍멍이에 눌러 붙어
따스하게 살면 되지 집안에는 왜 들어와
사람들을 따끔따끔 놀라게 물어뜯나
쪼금한 게 폴짝 톡톡 운동신경 발달하여
잡는 것도 수월찮아 놓치기 일쑤였지

너희들도 빈대같이 사라졌나 안 보이네

이(虱)야 너도 귀엽거나 애완충도 아니면서
사람 몸에 스며들어 스믈스믈 다니는고
너희들은 보통으로 왔다갔다 하지마는
얼마나 가려운지 너희들이 알까보냐
옷 속에 들어가서 서캐까지 슬어 놓고
머리까지 하얀 서캐 많게도 깔아놓네

참빗으로 빗어내면 꼼짝없이 내려오고
옷 속에 있는 놈들 삶는 것이 상책이니
조용하게 앉았으면 좀이 쑤셔 못 견디나
이부자리 방바닥에 무얼 하러 기어 나와
이웃집 우리 동무 놀러오면 민망했다

바퀴도 없는 놈이 바퀴라고 사칭하고
사람 사는 집에 와서 극성을 부리느냐
자동차 바퀴 안에 눌러 붙어 살아봐라
세상 온갖 구경하며 재미있게 살 수 있지

우리 곁에 해충들은 오나가나 말썽인고
아마존 넓은 숲에 이민 가면 안 되겠나
싫어하는 사람 곁에 살아봐야 희망 없다
너희들 한번 모여 결단을 내려주면
여객기를 전세 내어 공짜로 보내줄게

나무야

나무처럼 착하고 미더운 게 또 있을까
한평생 제자리에 말없이 꿋꿋하게
비가 오나 눈이 오나 여름이나 겨울이나
있으면 있는 대로 없어도 티 안 내고
칡덩굴이 올라와서 목 조르고 숨이 차도
본성이 착한지라 항의 한번 하지 않네

가뭄도 막아주고 산사태 홍수 예방
여름이면 그늘지어 더위도 식혀주고
가로수로 늘어서서 공해까지 줄이면서
과일도 주렁주렁 먹거리도 제공하네

천재지변 자연재해 막을 수야 없겠지만
사람들의 잘못으로 산불로 피해 입고
화목으로 벌목하고 공사자재 가구재료
종이원료 만든다고 마음대로 베어 갔지
많은 시련 겪으면서 그래도 울창하니
푸른 모습 보기 좋고 고맙고 장하구나

땅

애초부터 내 땅 네 땅 임자가 있었을까
나라마다 사람마다 서로 많이 가지려고
땅따먹기 열 올리고 마음대로 팔고 사네

이 세상 모든 만물 근본은 이 땅이라
고등동물 미물들도 서로 돕고 견제하며
한 그루 나무라도 이름 없는 풀포기도
자기 몫 다하면서 조화롭게 살아간다

넓은 땅 가진 자도 한 치 땅도 없는 자도
있으면 있는 대로 없으면 없는 대로
잠깐 빌려 쓰고 갈 땅 대대손손 살아갈 땅

지혜로운 지신(地神)에게
감사한 마음으로
파괴 않고 훼손 없이 가꾸면서 살아야지

공해

공해 없이 깨끗하게 살아가려 하는 것은
자연환경 파괴하는 우리 인간 아니던가

매연 없고 먼지 없는 맑은 공기 마시면서
오염 안 된 청결한 물 마음 놓고 먹고 싶고
소음 없이 조용하게 묻혀 살기 원하지만
환경오염 안 된 곳만 찾아서 살 수 있나

굴뚝마다 소리 없이 독한 매연 토해내고
자동차도 뒤질세라 경쟁하듯 내뿜으니
냉난방 주방 연로 모두가 한몫 하네
그것들이 무엇인가 대기오염 주범인데

공해산업 축산농가 흘려보낸 오폐수에
생활폐수 정화없이 강물은 오염되어
수질은 떨어지고 수돗물도 불신하네

우리 모두 자연을 가꾸면서 보호하여
온 세상이 공해없이 건강하게 살았으면

나무들 수난

늦여름 모진 태풍 쓰나미가 지나간 듯
수십 년 된 나무들이 수난을 당했구나
뿌리가 뽑혀지고 가지가 찢어지고
허리가 부러지고 넘어지고 주저앉고
지난봄 대설에도 큰 피해를 입었는데
또다시 이런 변을 당하다니

뿌리가 뽑힌 것은 다시 세워 심어주면
적은 몸살 앓더라도 살릴 수는 있겠지만
이산저산 산중턱 험한 지형 수천 그루
인력장비 그곳에는 못 미치니 어떡하나

등산로에 뿌리를 드러내던 나무들이
오르내린 발걸음에 시달리던 나무들이
얇아진 지반 위에 벌렁 누워 신음하니

우리인간 무슨 특권 있었기에
나무뿌리 밟으면서 산행을 즐겼을까
안타깝고 미안하고 할 말이 없다

눈

함박눈 하얀 눈이 밤을 새워 내리구나
있는 대로 마음대로 걱정 말고 뿌려다오
어지럽고 오염된 더러운 곳 빠짐없이
두껍게 안 보이게 깊고 넓게 덮어야지
덮을 눈 모자라면 하얀 마음 가져갈게

눈사람 커다랗게 밀짚모자 씌워주면
오가는 사람들과 눈길이 마주치고
정다운 척 바라보며 말없이 미소 짓네

연인들은 눈길에서 추억 만들고
아이들은 빙판길 만들어서 썰매를 탄다
검둥이도 좋아라 꼬리치며 날뛰는데

눈꽃송이 화병에 보기 좋게 꽂아놓고
눈에 눈 들어가면 눈물인가 눈 물인가
헛된말에 쓸데없는 숙제풀이 그만두고
따뜻한 아랫목 지키면서 오는 봄 기다린다

가뭄

늦은 봄날 진눈깨비 간간히 뿌리더니
그날 이후 오늘까지 비 한 방울 내리잖네

농사철이 한창인데 가뭄이 계속되니
마르잖던 천수답도 거북이 등이 되고
서속밭도 시들시들 뙤약볕에 고생이네

농민들 가슴에는 타는 연기 가득한데
하늘만 쳐다보는 우직한 백성들은
곳곳마다 기우제에 희망을 걸어본다

와룡산 산허리에 뫼를 써서 기(氣) 빠지고
용두골에 길을 뚫어 용왕님이 노했다나
말도 안 될 유언비어 날개 달고 떠다니고

자연 앞에 무력해진 나약함도 있었지만
웅덩이 깊이 파고 도랑치고 물 퍼올려
협동하고 극복하는 슬기가 아름다워
기다리던 단비가 내릴 것만 같구나

단풍

앞산 뒷산 울긋불긋
빨강 노랑 주황으로 곱게도 물들었네

늙은 모습 보이기 싫었는지
진한 화장 싫다 않고 예쁜 옷도 입었더니

늦은 가을 빨리 가자 성화에 못 이겨서
정성들인 열매들이 제 갈 길을 떠났으니
모든 시름 벗어놓고 편하게 쉬려는가
가을 문턱 한 고개를 천천히 넘어간다

고추밭 이랑에도 깊지 않은 연못에도
벗어던진 고운 잎은 어설프게 쌓이는데
신록의 푸르름이 얼마나 지났다고
그렇게 또 한 해를 마무리 하려는가

신록

5월의 늦은 봄이 더디게 가나 싶어
느린 여름 탓도 했는데
어느새 가지마다 푸르름이 실렸구나
초록은 동색이라 하였으니
푸른 잎 돋아나서 신록이 아니던가

훤하게 마주보던 낮은 언덕 외딴집도
넓게 퍼진 잎에 가려 간 곳이 없고
가까이에 산새소리 들리지만
푸른 잎 막아서서 보이지 않네

꽃이 피면 영원한가 때가 되면 떨어지고
그 자리에 잎이 피면 먼 훗날 낙엽 되니
계절 맞고 보내기는 꽃과 잎이 따로 없네

따뜻했던 봄날은 천천히 밀려가고
신록을 앞세운 푸른 여름 오고 있네

폭우

엊저녁 해질 무렵 적당히 오던 비가
하루 종일 장대같이 한없이 쏟아진다

내일도 폭우 계속 일기예보 원망하며
여름장마 이렇다고 이해는 하지마는
물난리에 산사태에 인명피해 재산피해
이만 하면 되련마는 하늘님도 무심해라

온 세상이 순식간에 물바다로 변했구나
좁고 굽은 하수도를 서로 먼저 나가려고
밀치고 끼어들고 질서는 간데없이
누구 많이 닮았는데

갈 길을 잃은 물길 죄 없는 집 침수시켜
가재도구 가전제품 못쓰게 만들었고
수많은 수재민들 가족 잃고 집도 잃고
농토가 유실되어 농작물도 쓸어가니
천재인가 인재인가 잔인하고 가혹하다

많이 와도 걱정이고 적게 와도 근심이라
필요한 량 적당량을 조절하여 내려주면
간절한 바람이야 모두 같은 마음인데
통제할 곳 어느 곳에 아무도 없어
꼼꼼하게 점검하고 미리미리 대비해야

자연 앞에 겸손하고
자연을 사랑하면 준 것만큼 돌아오고
우리가 보호하면 혜택 받고 산다는데

도토리나무

도토리나무 허리
깊은 상처 남아있어
골병들게 만든 것은 배고픈 시대였다

죄 없이 얻어맞은 상수리 떡갈나무
알맹이 우수수 떨어져야 매를 멈추고
하루에도 수십 대씩 돌타작을 맞게 된 몸
세월 흘러 나이 드니 그 상처 썩고 곪아
노쇠해진 병든 몸은 살아가기 힘든다네

도토리는 가난했던 백성들 양식이고
시장에 내다팔면 돈이 되던 시절이니
멧돼지 다람쥐들 겨울양식 축내지만
목구멍이 포도청 굶고 앉아 있었겠나

이산 저산 상처받은 도토리나무들이
병약해진 몸이 되어 한숨만 쉬고 있고
지나가는 등산객들 마음 아파 하더라

5부

나를 돌아본다

옛 생각

아름답게 어리석게 흘러간 세월 속에
내가 살던 그 시절은 어디에 숨었는고
굽이굽이 모든 것이 내 것인 것을

맑은 날 어두운 날 지난날들 만져보니
고지식한 발걸음에 음지양지 있었던가
정을 주고 받을 곳은 이곳저곳 있다지만
앞만 보고 달음박질 쉬지 않고 뛰었구나
작은 실패 큰 실수도 훗날에 알았어도
다른 길이 있었다면 돌아서 갈 걸

멀리 떠난 그날들을 잊고 살면 좋으련만
나도 몰래 옛 생각은 자꾸만 스쳐간다
까맣게 젖은 날도 달아난 그 세월도
날이 샌 후 돌아보니 형형색색 아롱지네

청춘은 속절없이 저물어 가고
인생공부 별것 있나 세상사 그런 것을

투병

건강에는 자신 있게 활발하게 살았지만
대장암 진단받고 수술 날짜 기다리며
이렇게 허무할까 많은 생각 하게 되네

수술실에 들어가는 본인은 담담한데
대기하는 가족들은 초조하고 불안하다
수술은 잘됐다고 안심은 시키지만
늑장발견 후회되고 아내에게 미안하다

네 번째 대수술에 실망하고 두려운데
가족들의 근심걱정 얼마나 심했을까
집으로 병원으로 수도 없이 오고가며
마음고생 시킨 것이 미안하고 고마운데

병문안 오신 분들 진심으로 감사하고
격려하고 위로하신 모든 분들 마음 읽어
용기를 잃지 않고 건강을 찾아야지

항암치료 부작용은 생각보다 극심한데
면역기능 수치 낮아 치료중지 반복되고
고생길 항암치료 간신히 끝난 것 같지만
조기발견 못한 탓에 혹독하게 벌 받았네

인명은 재천이라 하였던가
저승사자 왔을 텐데 쓸모없어 돌아갔나
번지수를 잘못 찾아 다른 사람 잡아갔나
2년간의 투병에서 지쳐버린 몸과 마음
원수 같은 암이지만 이제는 원망 않고
신에게 감사하며 조심하며 살아간다

고희(古稀)를 맞으면서

세월이 유수 같아 나도 몰래 나이 먹어
일흔 해를 살았구나
어린 추억 생생하고 마음은 청춘인데
어느새 늙은이로 노인행세 해야 하니
붙들어도 소용 있나 인력으로 안 되는 걸

안개처럼 희미하고 불확실한 세속인데
세상살이 그렇게도 만만하고 녹록했나
분주한 나날들이 내 곁을 지켰지만
속절없는 세월만 축낸 것만 같으니

희로애락 우여곡절 누구나 겪는 것을
낸들 어이 비켜가고 운명을 거역하랴
이래저래 살다 보니 좋은 일 나쁜 일도
그것이 인생인 걸 가슴 펴고 살았어라

지난날 돌아보니 사연도 많다마는
나약하고 무기력한 심신을 달래가며
험한 세파 헤쳐 나갈 예방주사 맞으면서

내 인생 지키려고 치열하게 살았더라
세상은 무심 속에 친절하지 않았지만
따뜻하고 멋있는 이야기가 얼마나 많았더냐

삶의 무게 가볍고 무거운 건 생각하기 나름일까
저울에는 눈금이 안 보이고
수많은 지난날을 만지작거리면서
손익차액 얼마인지
계산기를 두드려도 정답 없지만
맨몸으로 왔다가 산 것만도 얻은 건데
남은 것이 왜 없겠나

숨 가쁘게 달린 길에
세월은 관대하여 먼지는 사라지고
남겨진 발자국도 굽이굽이 그 사연도
빗물 씻겨 선명한데
칠십 평생 지난날들 보람으로 묶어놓고

손주들 둘 셋이 늘어나니
할아버지 대열에 멋쩍게 서있구나
사랑하는 가족들이 행복을 더해주고
사는 것이 이런 건데 헛된 세월 보냈겠나

수없이 스치고 간 고마운 인연들이
멀리서 가까이서 도와주신 깊은 은혜
갚을 수는 없더라도 잊지 않고 살아야지

이 몸이 젊음 되어 다시 한 번 청춘이면
못다 한 일 후회된 일 지우면서 살겠거늘
황당한 희망사항 욕심이야 좋다마는
가는 세월 붙잡아 되돌릴 수 있겠는가

시간은 귀가 멀어 못 들은 척 안 들은 척
저만치 앞장서서 따라오라 손짓하네

푸른 제복 벗어놓고

등허리 썰렁한 눈 내리던 어느 겨울날
먼 훗날을 기약하며 시작한 군인의 길

국토방위 사명감에 책무도 새기면서
국방색 W백에 숱한 추억 주워 담고
열두 번 초라한 이삿짐 포장 속에
내 인생도 챙겨 넣고 희로애락 가득 채워
산 넘고 강을 건너 바닷길도 건너면서
굽이굽이 걸어온 길 멀기만 하였을까

눈가에 잔주름 제법 파인 나이에
조국의 방패로 반평생이 흐른 세월
무엇을 했느냐고 조심스레 물어본다

그릇이 모자라서 넘쳐나는 사연들을
닫은 뚜껑 열어놓고 하나하나 세어보며
가버린 시간들은 보람으로 새겨둔다

전투복 단정하게 군화끈 졸라매고
완전군장 발걸음을 힘주어 걷던 때도
전쟁터 포화 속에 생사를 맡긴 것도
군인정신 젊은 용기 추억 속에 섞였는데

엄동설한 혹한에도 산등성이 들판에서
긴긴밤 쏟아지는 억수비 맞으면서
뛰어온 길 걸어온 길 초라하지 않았고
헛되지도 그리 아깝지도 않았다고
나름대로 충성으로 살았다고 기억하리라

자그마한 편린들은
그다지 중요하지 않다고 생각하리라 말하리라

멈출 수 없는 청춘이
북녘하늘 바라본다

먹구름 떠다니고
격랑의 파도소리 아직도 여전한데

적막의 저 땅위에 언제나 봄이 오고
철 몰라 피지 못한 꽃들이 웃음 짓는
평화의 종소리는 언제나 들리려나

어머님 생각

세월이 흘러흘러 어머님 가신 지가
육십 년이 훨씬 더 넘었네요
뭣이 그리 바쁘신지 꿈에도 못 오시나
힘들게 사시다가 초라하게 가시더니
정마저 떠나셨나 애써 잊으려 하십니까

고사리 손 잡으시고 넓은 마당 거니시던
그 모습도 아련한데
행여나 다칠세라 노심초사 걱정 속에
맛난 것 생기면 우리 먼저 주시면서
엄마는 먹었다고 거짓말도 하셨겠지

양지바른 언덕 위에 마른 목화 고르실 때
빨래터에 따라가서 성가시게 보채면서
봄나물 뜯으실 때 집에 가자 졸라대고
그네 태워 달라 감자 구워 달라
주저앉아 떼를 쓰면 안아주고 업어주고
고뿔이며 배앓이 땐 엄마 맘도 아팠지요

궁색한 살림살이 잡다한 집안일에
올망졸망 여러 형제 키우시며
디딜방아 꽁보리밥 지으시고
잿물 받아 흰옷 빨래 두드리시며
식구들 헐벗을까 힘드신 길쌈 일에
어느 한자리 편히 앉아 쉬었을까

너무나도 일찍이 우리 곁을 떠나신 후
기가 죽고 풀이 죽어 엄마 생각에
숨죽여 울던 날도 더러 있었고
엄마 있는 아이들이 너무 부러워
우리들 두고 가신 어머님을 원망했지요

칠십을 바라보는 나이 들어도
그리움은 쌓이고 또 쌓이고
엄마생각 나는 것을 어떻게 하나
하늘나라 어딘가에 계실 어머님
우리들 사는 모습 곱게 보시고
편안히 계십시오 우리 걱정 하지 마시고

아내에게

그 곱던 젊은 모습 어디로 가고
어느새 환갑 넘어 내 뒤를 쫓아오는
늙어가는 할매가 되었는고
주름 잡힌 얼굴은 내 마음 아프게 한다

재미도 매력도 하나 없는
남편 잘못 만난 것도
복이라 생각하면 마음 편치 않겠소

미우나 고우나 함께 보낸 그 세월에
때로는 힘이 들고 보람도 엮으면서
잊고 싶은 추억도 더러 있겠지

넉넉할 리 없는 박봉생활에
아이들 재롱 보며 키우는 재미로
아등바등 살던 때가 옛날 얘긴데
지금 와서 생각하니 그때가 행복했나

아이들 제 갈길 말썽 없이 가고 있고
넉넉지는 않더라도 그럭저럭 먹고 살고
다리 뻗고 누울 자리 집이라도 있고 하니
건강하면 그만인데

병원 갈 일 많아지니 걱정은 좀 된다 쳐도
부족하면 모자라는 대로 넘치면 남는 대로
그저 그렇게 살아가면 사는 맛이 아니겠소

아이들아

타고난 성품이라 멋없는 애비지만
그래도 너희들 잘 되기만
항상 바라고 살았단다

어느새 성장하여 짝을 만나고
말썽 없이 살아가니 무엇보다 고맙구나
손주들 보게 되니 할아버지 되어버렸네

열심히 살아라
건강하여라
아기들 잘 키우고 행복해야지
이제는 니들한테 신경 끄고 싶다마는
너희들도 살아보면
부모 마음 그렇단다

니들 위해 애비로서 해준 것이 무엇인가
모든 것에 부족함이 겹쳐 있지만
내 능력이 내 지혜가 미치지 못했구나

내 비록 큰 성공 이루지 못했지만
무일푼에 무식하게 여기까지 온 것만도
작은 만족 아니겠나
억지로 위로하고 내 마음 다독인다

원치 않던 투병생활
의료기술 뛰어나고 좋은 약 많이 있어
이겨내고 치료하니 걱정일랑 하지 마라
너그 엄마 마음고생 많을 거고
너희들도 마찬가지 아니겠나

열심히 사는 것은 아름답더라
힘든 일 혹독한 시련이 있더라도
희망과 꿈을 안고 후회없이 살아야지

먼 훗날 조용할 때 지난날 돌아보면
아이들 키우면서 부지런히 살던 때가
좋은 추억 될 것이고 보람도 있을 게다

아버지

안남미 짊어지고 월급이라 받아오신
모두가 힘든 시절 살림살이 넉넉할까
나라가 가난하니 무슨 수가 있었으랴

도지 낸 밭뙈기에 감자 보리 고추 심어
틈틈이 짬을 내어 거름 주고 김을 매고
가난을 벗으려고 무진 애를 쓰셨지만
한평생 그 싸움을 이기지 못하시고

법 없이도 사신다던 타고난 무골호인
말씀은 적으시고 느슨하게 엄하셔도
바르게 살라고 무언중에 보이셨네

힘든 일 궂은일은 혼자서 당하시고
고생만 하시다가 허망하게 가셨으니
철없이 흘러 보낸 긴 세월 돌아보니
모든 것이 우리들 위함인 걸
자식 도리 못한 것이 오래도록 후회되네

마음의 빚

낯설고 물 설은 객지에서 철없던 시절
어린 마음 기댈 곳도 없었는데

애틋하고 애처로워 걱정스런 마음으로
가까운 곳 먼 곳에서
각별하신 관심으로 보살펴 주셨지만
어느 곳도 적응 못해 바보같이 애태워도
나쁜 길 걸을까봐 좋은 말씀 해주시고
바쁘게 오고가며 사는 모습 살피셨지

고마우신 그 손길 마음에 새겨두고
옛일을 거울삼고 열심히 살았지만
철부지 그날들을 이제서야 열어보네

사는 게 바빴다고 핑계가 되지 못해
몸 둘 바 없으면서 용서는 빌지마는
그 빚은 언제나 갚을는지 마음만 무거워라

쌍둥이 형제

똑같은 옷을 입고 신발도 같은 색깔
놀 때도 먹을 때도 잠을 잘 때도
학교에 다닐 때도 언제나 함께하니
분간하기 어렵고 헷갈린다나
아버지 어머니 우리 식구 모두는
목소리만 들어도 알아보는데

내 것 네 것 욕심 부린 싸움질도 했을 거고
귀여움도 받았겠지
하나도 버거운데 둘을 어찌 키웠을고

학교 가서 못된 애들 덤비고 싸움질 걸어오면
상호 방위조약 없었지만
합동작전 우리 전술 당할 수가 없었으니
상대방은 겁먹고 기가 죽어
선제공격 포기하고 숨을 죽였지

힘든 일 생기면 서로서로 도와주고
심부름도 같이 하니 심심하지 않았겠다

머리통 굵어지고 가는 길이 달라지니
살아가는 방식도 생활습관도
사물을 보는 눈도
생각의 차이도 더러 있지만

그래도 우리는 쌍둥이 형제
사랑하고 아끼는 마음이야
변함이 있겠는가

옛 친구

너네 집은 우리 옆집
시간나면 찾아와서 정신없이 놀았잖아
담 넘어 너네 어매 부르시면 쫓아가고
밥 먹고 다시 왔지

제기차기 자치기 구슬치기 팽이치기
홀랑 벗고 개헤엄 물장구 멱을 감고
뫼등 잔디 구르면서 항복받기 땀 흘리고
밀사리 콩사리며 고누두고 꿀밤 맞기
가시덩굴 딸기맛은 오디 맛에 버금갔지
동지섣달 추운 날도 때 가는 줄 모르면서
놀기에만 정신 팔려 공부는 언제 하노
총알 주워 위험한 장난일랑 하지 말 것을

그때가 좋았는데 열 살짜리 동갑내기
싸움 한번 안 해 보고 말다툼도 없었거든
언제 봐도 웃는 얼굴 지금은 늙었겠지
어릴 적 그 추억에 잊지 못할 옛날 친구
그 시절로 다시 갈까 너도 생각날 때면
옛날로 돌아가서 철없이 놀아보자

세월아

세월아 너는 어찌 날개를 달았더냐
그렇게도 속절없이 빨리 가려 애를 쓰나
따라가기 힘이 들고 숨고르기 짬이 없다

무엇이 그리 바빠 쏜살같이 뛰어가나
죄짓고 달아나나 무전취식 도망가나
애인이 달아나서 붙잡으러 쫓아가나
빚진 돈 못 갚아서 야반도주 하는 건가
마라톤 선수라면 어느 누가 말리겠나
가는 곳이 어디인지 알고나 따라가자
너무 빨리 뛰어가니 세상이 어지럽다

넓고 넓은 이 세상에 구경할 곳 많다는데
쉬어가도 좋으련만 근력도 좋으시네
빨리 가면 상을 주고 늦어지면 벌을 주나
가다가 힘이 들면 하룻밤 쉬어가자
세월이 흘러가면 너 혼자만 나이 먹나
나마저 늙어가니 내 청춘은 어쩌라고
쉬엄쉬엄 놀아가며 여유롭게 가자구나

6부

여러 생각들

벌초(伐草)

이 능선 저 골짜기 조상님 산소
명당 찾아 이곳저곳 편안하게 모셨겠지

동서남북 고향 떠나 바삐 사는 후손들이
계절 따라 찾아뵙기 쉽지 않고
잡초들이 모두자란 가을철에나
흩어져 사는 일가들이 편리한 날을 잡아
아침 일찍 길을 떠나 선산발치 모여든다

사람발길 뜸해진 우거진 수풀길 올라
제초기 돌리고 낫질도 부지런히
이발한 듯 훤하게 말끔하게 다듬은 후

늦은 오후 재촉한 길
작지만 그래도 자식도리 했답시고
가벼운 마음 안고 고속도로 오른다

우리 세대 떠난 후에
선산들이 묵힐까 괜한 걱정 하면서

명절 귀향

설날이다 추석이다
고향 찾는 귀성 행렬
몇 달 전에 예약 끝난 귀성열차 만원이고
고속도로 정체되어 가다 서다 거북걸음
밤새워 가더라도 고향집은 꼭 가야지

양손에 선물 들고 정든 대문 들어서면
어머님은 손주부터 반가워서 받아 안고
아버님은 오냐오냐 오느라고 수고했다

안방으로 모셔놓고 큰절로 인사부터
꼬맹이도 궁둥이 치켜들고
아빠 따라 흉내낸다

객지생활 재미있게 낱낱이 보고하니
다 큰 아들 재롱으로
웃음꽃이 활짝 피고 부모님도 빙그레다

그 먼 길 많은 시간 고생길 마다않고
모두들 앞 다투어 귀향길에 오르는 건
가족관계 멀어질까 혹시나 염려되고
조상을 섬기면서 가족사랑 확인하여
행복을 만들면서 살아가기 위함이니
미풍양속 아름답고 그 정성이 대단하다

어머님 정성어린 짐 꾸러미 잔뜩 안고
고속도로 애먹여도
훈훈한 마음으로 다음 명절 기약한다

어떤 누나

어릴 적 우리 동네 어떤 누나는
꽃다운 열아홉에 시집을 가고
까까머리 신랑은 어린 중학생

하늘이 맺어주고 중매로 만든 인연
부모 명령 거역할 수 없던 그때 그 시절
나이 어린 신랑과 어떻게 살아갈까
시부모는 어떤 분일까 두려운 마음
온갖 상념 엇갈리고 혼인날은 다가오고

난생처음 비단옷 차려입고
정든 곳을 떠나서 시집가던 날
부모님과 중매쟁이 원망하면서
재를 넘고 내를 건너 수십 리 길을
흔들흔들 가마 타고 떠나갔다네

군에서 제대한 사내가 된 신랑
가정에 충실하고 가장노릇 잘하더니
십여 년이 지난 세월 어느 날 바람나고

그 색시 누구인지 알 수 없지만
연상의 여인과 비교가 되었겠나

끝내는 집을 나가 돌아오지 않았고
시어른들 세상 뜨신 그 이듬해에
많지 않은 논밭전지 서둘러 분배하여
조강지처 버리고 떠나가고 말았다네

이제는 모든 시름 마음 비우고
부모님 원망도 묻어버리고
큰아들과 행복하게 살아가는데

어느 날 잊고 있던 중늙은이 옛 신랑이
초라한 행색으로 찾아들지만
자식들이 정이 들어 어른으로 대접하나
대소가 피붙이들 남 보듯 외면하니
눈치 보며 살아가는 저 인생이 불쌍하단다

인생 이모작

꿈도 많던 젊은 날들 세월따라 보내놓고
노후를 바라보는 어정쩡한 길목에서
전직은 다양하고 화려한 과거지만
거칠고 힘들게 살아온 인생도 많아

수월찮은 경비직을 맡았으니
출입자도 유심히 살피면서
배달된 택배물품 안전하게 관리하고
외부차량 주차단속 이동상인 내보내기

분리수거 있는 날은 발걸음 빨라지고
휴지며 담배꽁초 온갖 퇴물 버려지면
수시로 수거하여 깨끗하게 유지하고
층층이 올라가서 광고물 뜯어내기
늦은 밤 귀가차량 안전하게 주차안내
화재예방 도난방지 구석구석 순찰하여
꼼꼼하게 안전점검 사고예방 신경쓴다

염치없는 강도절도 이곳인들 피해 갈까
돌반지 결혼예물 금목걸이 현금까지
취약한 틈을 타서 교묘하게 침입하니
질책 받는 근무자도 막을 길이 없다는데

열심히 맡은 일에 충실하게 근무하니
신뢰받고 인정받고
어려움도 있겠지만 이것마저 손놓으면
생활리듬 깨어지고 건강도 해치겠지
그만두라 할 때까지 좋은 일 있기까지
성심성의 다하면서 이모작을 키워간다

지하철에서 I

표정 없는 얼굴들은 무심하게 앉아있고
입은 옷도 형형색색 신발도 가지가지
어쩌다 한두 사람 책을 읽고 있지마는
무가지 신문들은 대충대충 훑어보고
선반 위로 올려지면 걷는 이는 따로 있다

한쪽 끝에 서너 사람 소주잔을 마셨는지
별것 아닌 이야기로 왁자지껄 시끄럽고
옆 사람 의식 않고 무릎위에 다리 꼬고
옆에 앉은 청춘남녀 정답게도 소곤댄다
휴대전화 쉴새없이 눌러대고 울어대고
큰소리로 전화통화 주위사람 짜증나네

서서 가는 승객은 앞사람 일어나길
긴 시간 기다리다 지쳐버렸나
환승역이 다음이니 앉을자리 나오겠지
내리고 타는 사람 발걸음 빨라지고
전동차는 철길 따라 말없이 달려간다

지하철에서 Ⅱ

사십대 중년부인 보기에는 멀쩡한데
승차대기 선에서 앞사람들 제친 다음
내릴 승객 복잡한 틈을 비집고
잽싸게 파고들어 점잖은 척 앉아있네

느긋하게 올라탄 칠십대 노년신사
빈자리 어디 없나 희망을 걸었지만
노약자석 이미 만원 임산부도 서서 가고
애기 안은 젊은 여인 오랜 시간 서서 가도
누구 하나 자리양보 하지를 않네

젊은 청년 고개 숙여 핸드폰만 두드리고
남녀 학생 잠자는 척 눈을 감고 앉았지만
내릴 때는 정확하게 알고 내리네

이런 모습 처음 본 건 아니지만
시대가 변했는데 그러려니 하면 되지

시집살이 I

누가 정한 탄생인가 딸로서 태어난 게
우리 풍속 미개하여 덧없이 살게 했나
나라가 병약하니 일찌감치 시집보내
처녀공출 정신대로 끌려갈 길 막았던가

사춘기도 시작 전에 바깥출입 막으면서
가정의례 예의범절 길쌈이며 바느질에
집안 살림 가르치며 공주님 부럽잖게
엄청 바쁜 농일에도 호미자루 잡지마라
섬섬옥수 참한 얼굴 댕기머리 곱게 빗고
부모님 사랑 속에 고이고이 자랐는데

어린 나이 벗어나면 중매쟁이 찝쩍거려
알부자다 가문 좋다 시집인심 그만이다
감언이설 말솜씨에 사랑채는 무너지고
중매쟁이 말만 믿고 신랑감은 보나마나
부모님이 정해 주면 천생배필 연을 맺어
십오륙 세 혼기 당겨 서둘러 보냈으니

가난한 시집살림 인색한 어른들에
건달 신랑 할 일 없이 심술만 부리는데
생전에 안 해보던 김도 매고 낫질하고
귀머거리 벙어리로 3년이라 했다던가
몸과 마음 멍들어도 운명인 걸 어떡하나

딸자식은 출가외인 죽어서도 그 집 귀신
친정 한번 다녀오기 쉬운 일이 아니더라
오매불망 친정엄마 따뜻한 품에 안겨
혹시나 걱정할까 어둔 얼굴 보실까봐
시어른들 넓은 마음 좋은 신랑 만났다고
맘에 없는 자랑하며 속으로만 울었더라

호의호식 편안하게 시집살이 원했던가
가진 것 없더라도 오순도순 아들딸 낳고 살면
바라던 행복이고 사람 사는 맛이련만
지금 와서 생각한들 무슨 소용 있겠는가
속고 온 시집이라 내 운명 내가 안고 살아간다

시집살이 Ⅱ

재 넘어 고모님이 모처럼 오셨구나
옛날 생각 나시는지 한바퀴 동네 돌고
가뭄으로 물난리에 그럭저럭 풍년농사
살아가는 이야기로 해지는 줄 모르신다

고모동네 윗마을에 과년한 규수 있어
참하고 착하기를 나무랄 데 없다면서
어차피 보낼 장가 조카며늘 보자 한다

추수추경 끝이 나고 혼인날짜 잡았으니
구석구석 청소하고 도배하고 신방 꾸려
며늘아기 신행날에 경사 났네 동네잔치

인물이야 번듯한데 모르는 게 너무 많아
상하좌우 인간관계 배운 것도 모자라고
예의범절 집안살림 어설프기 그지없다
내색은 안 했어도 시어머니 속 끓여도
너무 욕심 내지 말자 나도 옛날 그랬는데

한해 두해 세월 가고 가르치고 훈계하니
서툴지만 그런대로 나이 먹고 철이 들어
하나를 가르치면 열 개를 깨우치니
총명하고 기특함이 나날이 더해 가고
행실도 귀여웁고 속마음도 이쁘구나

하지 말란 밭일까지 낫을 갈아 벼도 베고
방아 찧어 밥을 짓고 얼음물에 손빨래며
궂은일 험한 일도 불평 없이 거들면서
효성도 지극하니 남의 며늘 부럽겠나
내가 어이 복이 많아 이런 며늘 찾았을까

시집온 지 이태 만에 손주를 안았는데
뒤따라 시어머니 도련님 순산이라
겹경사에 온 집안이 웃음소리 담을 넘고
시어머니 젖이 말라 젊은 며늘 어쩌겠나
시동생이 드신 후에 우리 아기 젖을 준다

가을걷이 끝난 후에 떡도 빚고 식혜 담아
신랑등짐 앞세우고 손주 녀석 등에 업혀
친정집을 다녀오게 속 넓게 배려하니
며늘아기 행복감에 효심은 절로 솟고

고부간에 따스한 정 켜켜이 쌓이는데
모범가정 이루면서 행복하게 살았더라

시집살이 Ⅲ

남의 집 귀한 딸을 내 식구로 맞았으면
내 딸같이 보듬으며 사랑주고 살면 될 걸
시집온 그날부터 뭣이 그리 미웠던고

비록 성혼 했다지만 아직도 어린 나이
얼마만큼 철이 들고 지혜라도 넉넉할까
모르면 가르치고 부족하면 채워주지

혹시나 며느리만 혼자 먹고 과식할까
뒤주 열쇠 꿰매 차고 한끼 한끼 통제하니
부엌 한켠 바가지에 눌은밥 말아먹고
친정생각 서런 눈물 시집살이 이리 맵나

외로우신 홀어머니 외동아들 신혼방에
가운데를 차고 누워 질투하고 심술부려
동네방네 소문나고 수군수군 손가락질

잘한 것은 시누이 몫 못한 것은 며느리 탓
어머니 치마폭에 효자가 따로 있나

본심 숨겨 몰라주는 우리 신랑 야속해라
전생에 무슨 인연 고부간에 다시 만나
시집살이 새고 나고 시어머니 등쌀인가

내가 못난 부덕이지 어느 누굴 원망할까
나 한사람 참고 살면 만사가 형통인데
온갖 정성 쏟으면서 억척같은 사오 년에
살림살이 나아지고 논밭뙈기 늘어나고
약이 되는 쓴소리도 바람결에 들으셨나
연로하신 시어머니 옛날 같지 않으시네

이런저런 시련 속에 세월은 흘러가고
참고 보낸 나날들이 헛되지 않아
손주 받아 안으신 심술쟁이 시어머니
내가 언제 그랬더냐 주름 얼굴 펴지시고
며늘아기 자랑하러 손주 업고 나가신다

노송

낙락장송 저 소나무 묵묵히 고고하게
백 년 넘은 세월들을 지켜보고 서있구나

경술국치 독립만세 빈곤가난 6 · 25도
기쁨도 슬픔도 좌절도 희망도
우리 민족 근현대사 고난과 영광들을
말없이 바라보며 동고동락 하였다지

우리 겨레 역사 속에 자유 평등 넘쳐나고
풍요롭고 융성함이 어느 날에 있었던가

시련과 모진 고통 힘 모아 이기면서
기적의 역사를 창조하고 국력을 키워온
비상하는 힘찬 날개 불굴의 발걸음을
민족혼이 살아있어 멈출 수는 없잖아요

곧게 뻗은 우람 거목 푸르른 청솔나무
오래오래 같이하여 통일조국 지켜보소

명성산에서

명성산 억새풀이 조용히 파도치고
단풍 섞인 가을바람 풍광이 아름답다

저 멀리 금학산은 반갑다고 손 흔들고
드넓은 철원평야 가을걷이 끝났는지
볏짚가리 지켜보며 한가롭게 쉬고 있고
발아래 산정호수 언제 봐도 좋은 경치
용화동 저수지도 말없이 누워 있네

명성산아 너는 왜 울었더냐
왕건이 울리던가 견훤이 울리던가
이제는 울지 마라
전해 오는 먼 옛날이야기가 아니더냐

가을바람 맑은 공기 오색 단풍 웃어주고
억새풀도 폭신하게 등 따습게 덮어주니
눈 쌓여 이불 되면 금년 추위 덜하겠다

근심걱정

이 세상 살아가며 걱정 없는 사람 있나
직장인도 사업가도 서민들도 부자들도
천석꾼은 천 가지 만석꾼은 만 가지로
그 걱정을 어이 막나

자식걱정 돈걱정에 건강까지 끼어들어
집집마다 사람마다
한두 가지 걱정이야 없다는 게 이상하지

혼기 놓친 처녀총각 부모걱정 더해주고
무자식 저출산에 먼 훗날 나라걱정
부정부패 사기극에 강절도 사회안전
청소년 범죄비행 나날이 늘어나고
청년실업 고령사회 심각한 걱정인데

근심걱정 없이 살면 무슨 재미로
인간사 마음대로 안 되는 게 걱정인데
타고난 팔자라면 어느 누가 말리겠나

아파트 생활

성냥갑에 비유되는 아파트 생활
모든 것이 편리하게 꾸며졌으니
찬물이며 따듯한 물 난방까지도
언제나 마음대로 편리하게 살라 하네

아래층 위층 간에 소음이 문제되니
쿵쾅쿵쾅 생활 소음 항의하면 싸움되고
밤늦은 피아노에 애완견 짖는 소리
신고받은 관리소장 무슨 힘 있나

옆집에는 어떤 사람 위아래는 누구인지
맞벌이 가정 많고 모두가 바쁜 사람
만날 일도 없지마는 어쩌다 마주쳐도
말없이 지나치니 쑥스럽고 삭막하다

옛날에는 우리 동네 이렇지는 않았는데
사람냄새 가득하게 주고받던 인심들은
어디 가서 만나볼까 정겹던 사람들을

믿음 주는 사람들

험한 일 마다 않고 새벽잠 설치면서
일터로 달려가는 부지런한 저 사람들

과일장수 노점상인 환경미화원
손수레 받혀놓고 붕어빵 굽는 이도
정체되는 길목에서 복잡한 전철에서
목청 높인 장사치도 용기있게 살아가고

건설현장 산업전선 근로하는 사람들도
험한 파도 헤치면서 고기잡는 어부들도
뜨거운 햇볕 아래 땀 흘리는 농부들

모두가 이 나라의 소중한 동량인데
오늘은 힘들어도 희망은 있다

선택하고 지정받은 수많은 직종에서
부지런한 사람들이 열심히 사는 덕에
우리 사회 풍요롭고 활력이 넘쳐나고
그 모습이 아름답고 믿음직스러워라

어항 속 물고기

형광등불 비쳐주는 어항 속 물고기들
바깥세상 모르겠다 나가본 일 없었으니

종족이 다르고 생김새도 다르지만
저들끼리 마음이 통하는지
때로는 부딪치고 장난질도 하고 논다

가끔씩 싸움질도 하련만은
한 방에서 살다보니 얼굴도 알아보고
속마음도 알아보고 정도 든 게지

왕초가 되겠다는 욕심부린 혈투도 없고
서열도 계급도 선후배도 왕따도 없는
언제나 평화롭고 조용하게 살아간다

아침나절 모이 먹는 맛있는 시간이면
서로 많이 먹으려고 부지런을 떨고
험한 파도 없이 사니 복받은 것 아니겠나

이런 저런

우리들의 세상 이야기

초판 1쇄 인쇄 2010년 12월 01일
초판 1쇄 발행 2010년 12월 05일

지은이 | 김명한
펴낸이 | 金泰奉
펴낸곳 | 도서출판 띠앗
등 록 | 제4-414호

편 집 | 박창서, 김주영, 김미란, 이혜정
마케팅 | 김영길, 김명준
홍 보 | 장승윤

주 소 | (우143-200) 서울시 광진구 구의동 243-22
전 화 | (02)454-0492(代)
팩 스 | (02)454-0493
이메일 ddiat@ddiat.co.kr
홈페이지 www.ddiat.co.kr

값 6,000원
ISBN 978-89-5854-080-9 (03810)